ॐ

नक्षत्र वन उपासना तथा वैदिक पद्धति

Nakshatra Van Upasana tatha Vedic Paddhati

Compiled and Edited

VAIDYA MAHESH MEHTA
SADHVI HEMSWAROOPA

जय गुरुदेव

© 2025, Author

ISBN13: 978-93-48012-18-0 Paperback Edition
ISBN13: 978-93-48012-88-3 Hardbound Edition
ISBN13: 978-93-48012-39-5 Digital Edition
Hindi Edition (हिंदी संस्करण)

This work is licensed under a Creative Commons Attribution 4.0 International License. To view a copy of this license, please visit
https://creativecommons.org/licenses/by/4.0/

Title: **Nakshatra Van Upasana tatha Vedic Paddhati** (नक्षत्र वन उपासना तथा वैदिक पद्धति)

Author: **Sadhvi Hemswaroopa** (साध्वी हेमस्वरूपा)

Anant Jyot Seva Sansthan
Vadodara 390010, Gujarat, India

Printed and Published by
Devotees of Sri Sri Ravi Shankar Ashram

https://advaita56.weebly.com/ The Art of Living Centre
https://www.artofliving.org/

Devotees Library Cataloging-in-Publication Data
Hemswaroopa, Sadhvi.
Language: Hindi. Thema: PSAF WNJ VXFA 2BMH
BISAC: SCI020000 SCIENCE / Life Sciences / Ecology
Keywords: 1) Nakshatra Van. 2) Vedic Sacred Grove. 3) Birth Star Trees. 4) Astral Garden.
Typeset in 14 Sanskrit 2020

26/2/2025 Maha Shivaratri (Avataran of Lord Shiva on planet Earth), Shravana upari Dhanishtha Nakshatra, Trayodashi Tithi, Krishna Paksha, Phalguna Masa, Vasant Ritu, Uttarayana

Gujarati Samvat 2081 Nala
Vikram Samvat 2081 Pingala, Saka Samvat 1946 Krodhi

1st Edition February 2025

जय गुरुदेव

विषय अनुक्रमणिका

मङ्गलाचरणम् 5

1 अश्विनी ASHWINI - BETA ARIETIS 6

2 भरणी BHARANI - 39 ARIETIS 9

3 कृत्तिका KRITTIKA - PLEIADES 12

4 रोहिणी ROHINI - ALDEBARAN 15

5 मृगशिरा MRIGASHIRA – Λ ORIONIS 18

6 आर्द्रा ARDRA - BETELGEUSE 21

7 पुनर्वसु PUNARVASU – POLLUX & CASTOR 24

8 पुष्य PUSHYA - ASELLUS AUSTRALIS = Δ CANCRI 27

9 आश्लेषा ASHLESHA - Δ HYDRAE 30

10 मघा MAGHA - REGULUS 33

11 पूर्वा फाल्गुनी PURVA PHALGUNI- ΔLEONIS =ZOSMA 36

12 उत्तरा फाल्गुनी UTTARA PHALGUNI - DENEBOLA 39

13 हस्त HASTA - B CORVI = KRAZ 42

14 चित्रा CHITRA - SPICA 45

15 स्वाति SVATI - ARCTURUS 48

16 विशाखा VISHAKHA - ZUBENESCHAMALI 51

17 अनुराधा ANURADHA – DSCHUBBA = Δ SCORPII 54

18 ज्येष्ठा JYESHTHA - ANTARES 57

19 मूल MULA – Λ SCORPII = SHAULA 60

20 पूर्वा आषाढा PURVA ASHADHA-KAUS AUSTRALIS ... 63

21 उत्तरा आषाढा UTTARA ASHADHA - NUNKI ... 66

22 श्रवण SHRAVAN - ALTAIR ... 69

23 धनिष्ठा DHANISHTHA – B DELPHINI = ROTANEV ... 72

24 शतभिषा(शततारका)SHATABHISHA-SADAMELIK ... 75

25 पूर्वा भाद्रपदा PURVA BHADRAPADA - SCHEAT ... 78

26 उत्तरा भाद्रपदा UTTAR BHADRAPADA - ALGENIB ... 81

27 रेवती REVATI – ZETA PISCIUM ... 84

नक्षत्र गुण परिशिष्ट NAKSHATRA ATTRIBUTES SUMMARY ... 87

SUMMARY OF NAKSHATRA ATTRIBUTES CONTD. ... 88

नक्षत्र पर्यायवाची नाम SYNONYMS ... 89

नक्षत्र आराध्य देव वृक्ष NAKSHATRA TREE NAMES ... 91

नक्षत्र आराध्य देव वृक्ष प्रतिमा TREE IMAGES ... 94

नक्षत्र आराध्य देव वृक्ष - पर्यायि व औषधि वृक्ष MEDICINAL TREES ... 99

नक्षत्र द्वारा पीड़ा निवारण उपाय ... 100

नक्षत्र तथा मासिक पूर्णिमा ... 102

नवग्रह स्तोत्रम् ... 103

स्वस्ति वाचक श्लोकः ... 104

नक्षत्र तथा वृक्ष सूची ... 105

नक्षत्र आकाशीय स्थान ... 106

संदर्भ ... 107

भरतवाक्य 108

मङ्गलाचरणम्

ॐ भद्रं कर्णेभिश् शृणुयाम देवाः । भद्रं पश्ये माक्षभिर् यजत्राः । स्थिरैरङ्गैस् तुष्टुवाꣳ संस्तनूभिः । व्यशेम देवहितयँ यदायुः । स्वस्ति न इन्द्रो वृद्धश्रवाः । स्वस्ति नꣳ पूषा विश्ववेदाः । स्वस्ति नस्ताक्ष्यों अरिष्टनेमिः । स्वस्ति नो बृहस्पतिर्दधातु ॥ ॐ शान्तिः शान्तिः शान्तिः ॥

अहो एशां वरं जन्म सर्व प्राण्युपजीवनम् ।
सुजनस्येव येषां वै विमुखा यान्ति नार्थिनः ॥ (Srimad Bhagavat Mahapuran 10.22.32)

अहो! यह वृक्ष का जन्म श्रेष्ठ है क्योंकि उनका जीवन सर्व प्राणियों को जीवन देने वाला है जैसे कोइ सज्जन पुरुष के पास से कोइ भि याचक कभि निराश नहीं लौटता वैसे ही यह वृक्ष से कोइ भी प्राणि निराश नहीं होता ।

1 अश्विनी Ashwini - Beta Arietis

आराध्य देव वृक्ष – जहर कुचला, विषतिंदुक

poison nut - strychnos nux-vomica

नक्षत्र देवता - अश्विनी कुमार गोत्र मरीचि (glow), गण नाडि

नक्षत्र स्वामी ग्रह - केतु (ketu)

नक्षत्र राशि - मीन, मेष

नक्षत्र प्राणि - अश्व (horse)

नक्षत्र तत्व - वायु

नक्षत्र स्वभाव - शुभ, नक्षत्र दिशा – केन्द्र अथवा ब्रह्मस्थन होने से पूर्व (direction of sun), दक्षिण तथा उत्तर-पश्चिम मानि गइ है

दान - सुपात्र ब्राह्मण को भोजन (feed a suitable person)

नक्षत्र देवता मंत्र - ॐ अश्विनी कुमाराभ्यां नमः ।

बीज मंत्र - ॐ ह्रीँ श्रीँ अश्विनी कुमाराभ्यां मृत्युंजयाय अग्नितत्वाय नमो नमः ।

वेदमंत्र ॐ अश्विना तेजसा चक्षुः प्राणेन सरस्वती वीर्यम्।
वाचेन्द्रो बलेनेन्द्राय दधुरिन्द्रियम् ॥ जप संख्या 5000 times
(Yajurveda 20.80)

पौराणिक मंत्र - अश्विनी देवते श्वेतवर्णौ तौ द्विभुजौ स्तुमः।
सुधासंपूर्ण कलश कराब्जावश्च वाहनौ ॥

अनुवाद - अश्व के वाहन पर श्वेत वर्ण के अपने दोनो हाथों मे अमृत से भरे हुए कुम्भ को धारन किये हुए अश्विनी कुमारों की जोडी है ।

नक्षत्र नाम मंत्र - ॐ अश्वयुगभ्यां नमः ।

नक्षत्र देवता के उपचार - श्वेत वस्त्र, चंदन, कमलपुष्प, गूगलधूप, पायस ।

उपासना - चरण १- एकादशी व्रत, भानु सप्तमी व्रत (जिस रविवार को सप्तमी तिथि होती है उसे भानु सप्तमी बोलते हैं ।)

चरण २- हरिवंश पुराण श्रवण, पठन, गो प्रदान, गायत्री जप होम सहित

चरण ३ - हरिवंश पुराण श्रवण, पठन, गो प्रदान

चरण ४ - गायत्री जप होम सहित, सुवर्ण दान

उपासना का विशेष फल: यह उपासना करने से व्यक्ति श्रवण दोष से मुक्त होता है ।

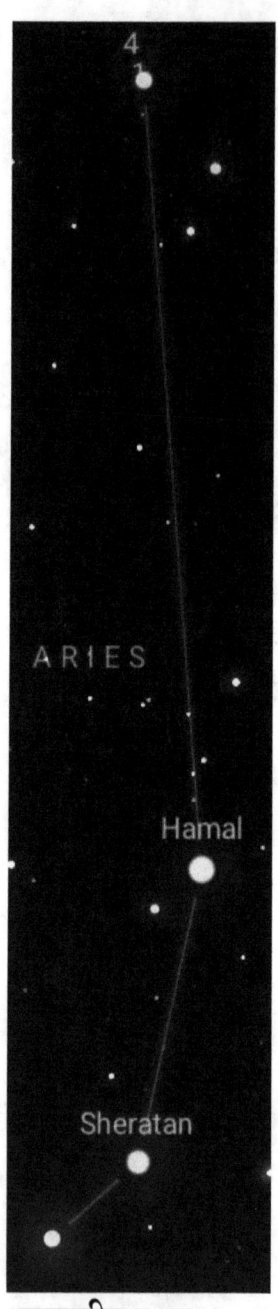

आकाशीय स्थान ।

2 भरणी Bharani - 39 Arietis

आराध्य देव वृक्ष – आंवला, आमलक

Indian gooseberry – phyllanthus emblica

नक्षत्र देवता - यम, आद्य पितर

नक्षत्र स्वामी ग्रह - शुक्र (venus)

नक्षत्र राशि - मेष

नक्षत्र प्राणि – हत्ती - हाथी (elephant)

नक्षत्र तत्व - अग्नि

नक्षत्र स्वभाव - क्रूर

दान - गाय को भोजन (feed a cow)

नक्षत्र देवता मंत्र - ॐ यमाय नमः ।

बीज मंत्र-ॐ ह्रीँ श्रीँ सर्पदेवाय पृथ्वीतत्वाय नमो नमः।

वेद मंत्र - ॐ यमाय त्वा मखाय त्वा सूर्य्यस्य त्वा तपसे ।

देवस्त्वा सविता मध्वानक्तु पृथिव्याः स ꣲ स्पृशस्पाहि ।

अर्च्चिरसि शोचिरसि तपोऽसि ॥ जप संख्या 10000 times

(Yajurveda 37.11)

पौराणिक मंत्र - पाशदण्डं भुजद्वयं यमं महिष वाहनम् ।

यमं नीलं भजे भीमं सुवर्ण प्रतीमागतम् ॥

अनुवाद -पाश और दण्ड से सुशोभित दोनो हाथ, हत्ती के वाहन पर,

भूरे रंग से भयंकर और भय उत्पन्न की हुइ सुवर्ण प्रतिमा जैसी है ।

नक्षत्र नाम मंत्र - ॐ अपभरणीभ्यो नमः ।

नक्षत्र देवता के उपचार - नील वस्त्र, रक्तकरवीर पुष्प, महिषाक्षी धूप, कृष्णागरु गंध, गुडान्न नैवेद्य ।

उपासना-चरण १ - शिव उपासना, मृत्युंजय मंत्र जप, ब्राह्मण भोजन

चरण २ - गायत्री एकलक्ष जप होम सहित

चरण ३ - शिवपंचाक्षरी मंत्र जप

चरण ४ - सार्वजनिक कूप, जल परब, विष्णु उपासना

उपासना का विशेष फल - यह उपासना करने से व्यक्ति को पाप से मुक्ति, युध मे विजय, लोक मे राज्य प्राप्त होता है ।

39
4
35
ARIES

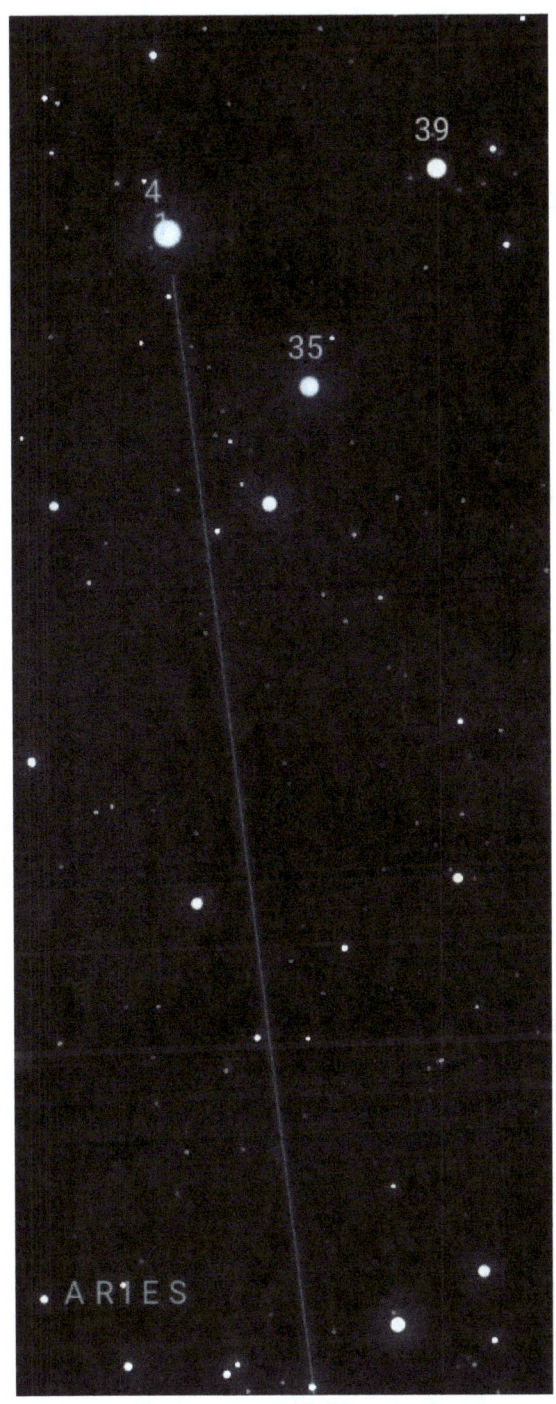

3 कृत्तिका Krittika - Pleiades

आराध्य देव वृक्ष – उम्बर, गूलर

cluster fig – ficus racemosa

नक्षत्र देवता - अग्नि

नक्षत्र स्वामी ग्रह - सूर्य (sun)

नक्षत्र राशि - मेष, वृषभ

नक्षत्र प्राणि - बकरी (goat)

नक्षत्र तत्व - अग्नि

नक्षत्र स्वभाव - क्रूर

दान - सुवर्ण (gold)

नक्षत्र देवता मंत्र - ॐ अग्नये नमः। ॐ अग्न्यै नमः ।

बीज मंत्र -ॐ ह्रीँ श्रीँ मेधाय अग्नितत्वाय नमो नमः।

वेद मंत्र - ॐ अग्निर्मूर्द्धा दिवः ककुत्पतिः पृथिव्याऽ अयम्
। अपाꣳ रेताꣳसि जिन्वति ॥ जप संख्या 10000 times

(Yajurveda 3.12)

पौराणिक मंत्र -

कृत्तिका देवतामाग्निं मेशवाहनं संस्थितम् ।

स्त्रुक् स्तुवाभीतिवरधृक्सप्तहस्तं नमाम्यहम् ॥

अनुवाद - स्त्रुक् , स्तुव को अभय प्रदान करने वाला, सप्त हस्त धारण

करनेवाला, मेषवाहन पर सवार होकर, कृत्तिका नक्षत्र के देवता अग्नि को मैं नमस्कार करता हूं ।

नक्षत्र नाम मंत्र - ॐ कृत्तिकाभ्यो नमः ।

नक्षत्र देवता के उपचार - रक्त वस्त्र, सुगंधित पुष्प, सर्पि धूप, घृत दीप, घृत ओदन नैवेद्य ।

उपासना - चरण १ - जातवेदसे सुनवाम् - १लाख जप होम सहित, दुर्गा उपासना

चरण २ - त्र्यंबकं यजामहे - १लाख जप होम सहित, शिव उपासना

चरण ३ - जातवेदसे सुनवाम् – १लाख जप होम सहित, भू दान

चरण ४ - गायत्री १लाख जप होम सहित

उपासना का विशेष फल - यह उपासना करने वाला व्यक्ति अन्न समृद्धि तथा इन्द्रिय सामर्थ्य प्राप्त करता है

Atlas
Alcyone
2
Maia
1
Merope
Taygeta
16
Electra

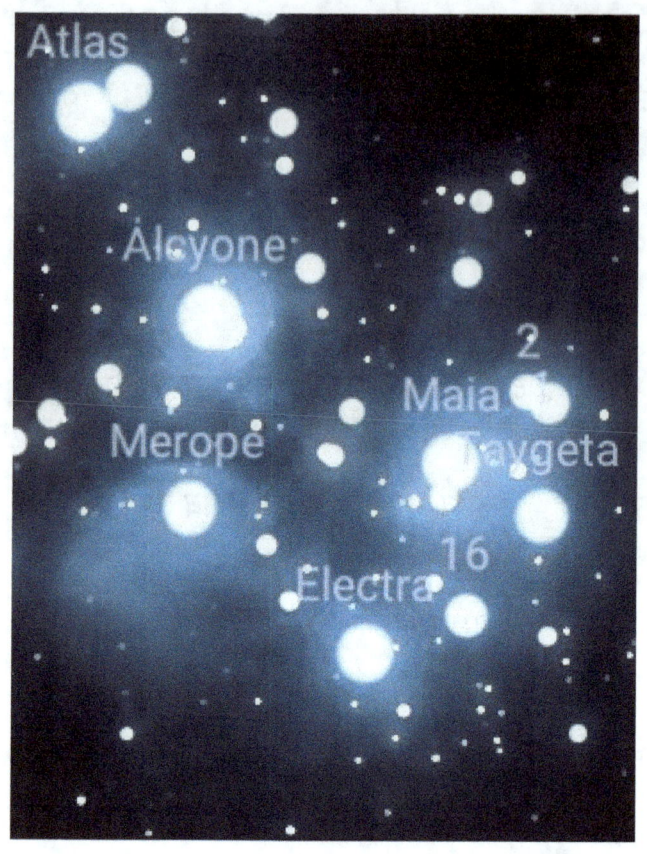

4 रोहिणी Rohini - Aldebaran

आराध्य देव वृक्ष – जामुन

black plum – syzygium cuminii

नक्षत्र देवता - ब्रह्मा

नक्षत्र स्वामी ग्रह - चंद्र (moon)

नक्षत्र राशि - वृषभ

नक्षत्र प्राणि - सर्प (snake)

नक्षत्र तत्व - पृथ्वी

नक्षत्र स्वभाव – शुभ (ध्रुव)

दान – गाय का घी - घृत (ghee)

नक्षत्र देवता मंत्र - ॐ ब्रह्मणे नमः।ॐ प्रजापतये नमः ।

बीजमंत्र ॐ ह्रीँ श्रीँ भ्रमहयक्षाय अग्नितत्वाय नमो नमः ।

वेद मंत्र - ॐ ब्रह्म जज्ञानं प्रथमं पुरस्ताद्वि सीमतः सुरुचो वेन आवः। स बुध्न्या उपमा अस्य विष्ठाः सतश्च योनिमसतश्च विवः ॥ जप संख्या 5000 times (Samaveda 321)

पौराणिक मंत्र -

प्रजापतीश्चतुर्बाहुः कमंडल्वक्षसूत्रधृत् ।
वराभयकरः शुद्धो रोहिणी देवतास्तु मे ॥

अनुवाद – हाथ मे कमंडल अक्षसूत्र धारण किये हुए , पाटलवर्ण

चतुर्भुज एसे अश्विनी देवता को, शुध प्रजापती को मेरा नमन।

नक्षत्र नाम मंत्र - **ॐ रोहिण्यै नमः ।**

नक्षत्र देवता के उपचार – **कृष्णवस्त्र, कहारपुष्प, गुगुल-धूप, कस्तुरी-गंध, क्षीरान्न-नैवेद्य ।**

उपासना - चरण १ – शिव पंचाक्षर मंत्र के १लाख जप

चरण २ – मृत्युंजय मंत्र के १लाख जप

चरण ३ – शंखचक्रगदा धारण किये हुए विष्णु की उपासना

चरण ४ – आकृष्णेन-मंत्र का १लाख जप, माघ मास मे गंगा-जमुना स्नान

उपासना का विशेष फल – यह उपासना करने वाला व्यक्ति अपेक्षित प्रिय वस्तु की प्राप्ति करता है

Aldebaran
TAURUS
Uranus

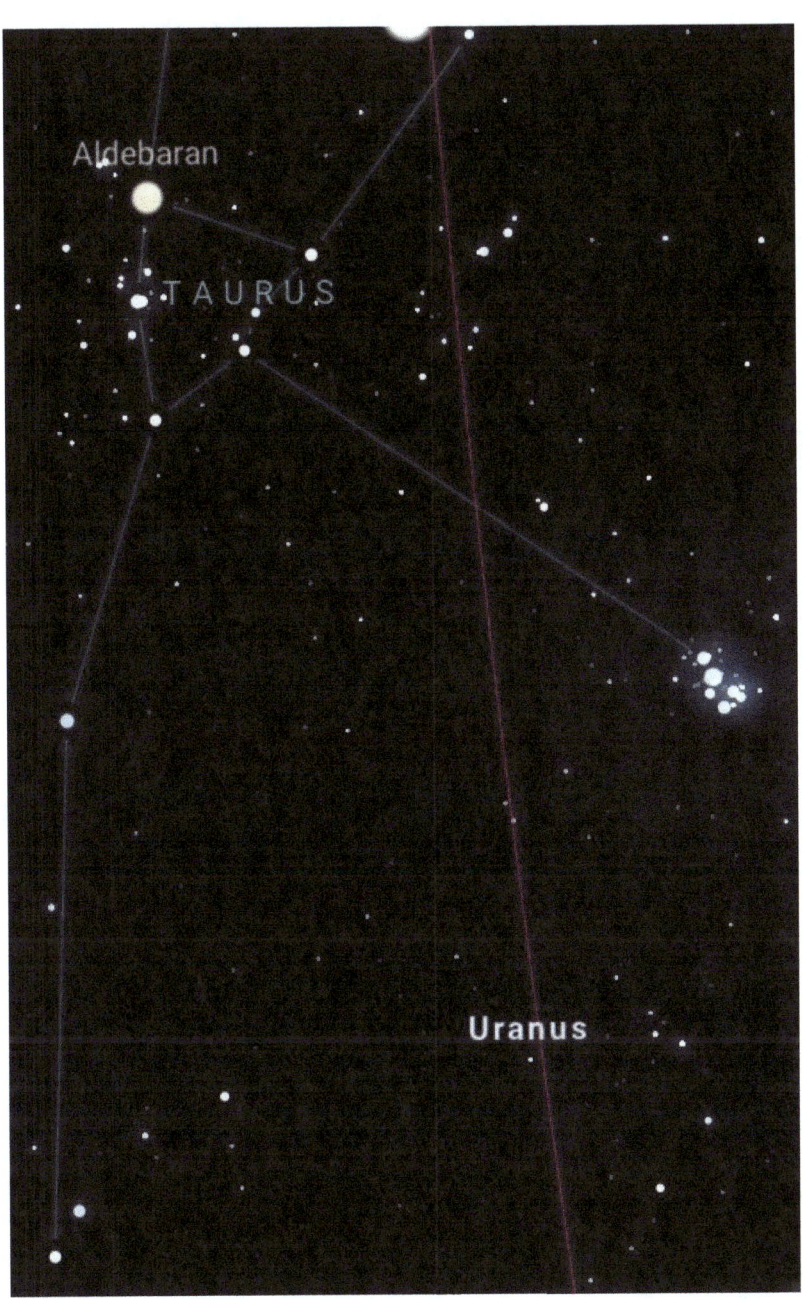

5 मृगशिरा Mrigashira – λ Orionis

आराध्य देव वृक्ष – **खेर, खदिर,** cutch – acacia catechu

नक्षत्र देवता – **चंद्र , सोम**

नक्षत्र स्वामी ग्रह - **मंगल** (mars)

नक्षत्र राशि – **वृषभ, मिथुन**

नक्षत्र प्राणि - **सर्प** (snake)

नक्षत्र तत्व - **वायु**

नक्षत्र स्वभाव – **शुभ , मृदु**

दान - **तिल** (sesame)

नक्षत्र देवता मंत्र- **ॐ चन्द्रमसे नमः। ॐ सोमाय नमः।**

बीज मंत्र **ॐ ह्रीँ श्रीँ इन्द्रदेवाय अग्नितत्वाय नमो नमः।**

वेद मंत्र - **ॐ इमं देवाऽअसपत्न॑ सुवध्वं महते क्षत्राय**
महते ज्यैष्ठ्याय महते जानराज्यायेन्द्रस्येन्द्रियाय ।
इमममुष्य पुत्रममुष्यै पुत्रमस्यै विशऽएष वोऽमी राजा
सोमोऽस्माकं ब्राह्मणाना॑ राजा ॥ जप संख्या 10000 times

(Yajurveda 9.40)

पौराणिक मंत्र -

श्वेतवर्णाकृतीः सोमो द्विभुजो वरदण्डभृत् ।
दशाश्वरथमारूढो मृगशिर्षोस्तु मे मुदे ॥

अनुवाद – दसघोडे वाले रथ मे सवार हुए, श्वेतवर्ण और हाथ मे वरदण्ड धारण किये हुए मृगनक्षत्र के देवता हम पर प्रसन्न हो ।

नक्षत्र नाम मंत्र - **ॐ मृगशीर्षाय नमः ।**

नक्षत्र देवता के उपचार – **श्वेतवस्त्र, कुंदपुष्प, गूगलधूप, श्वेतचंदन, क्षीरान्ननैवेद्य ।**

उपासना - चरण १ – १लाख गायत्रीमंत्र जप व दुर्गादेवी का पूजन

चरण २ – गायत्रीमंत्र व जातवेदसेमंत्र - प्रत्येक का १लाख जप

चरण ३ - गायत्रीमंत्र व महामृत्यंजयमंत्र - प्रत्येक का १लाख जप

चरण ४ – गायत्रीमंत्र, महामृत्यंजयमंत्र, जातवेदसेमंत्र - प्रत्येक का १लाख जप

उपासना का विशेष फल – यह उपासना करने वाला व्यक्ति खुद के समक्षलोक मे अपूर्व मानप्रतिष्ठा तथा राज्य की प्रप्ति करता है ।

Betelgeuse
λ
ORION
Bellatrix
Alnitak
Alnilam
σ
Mintaka

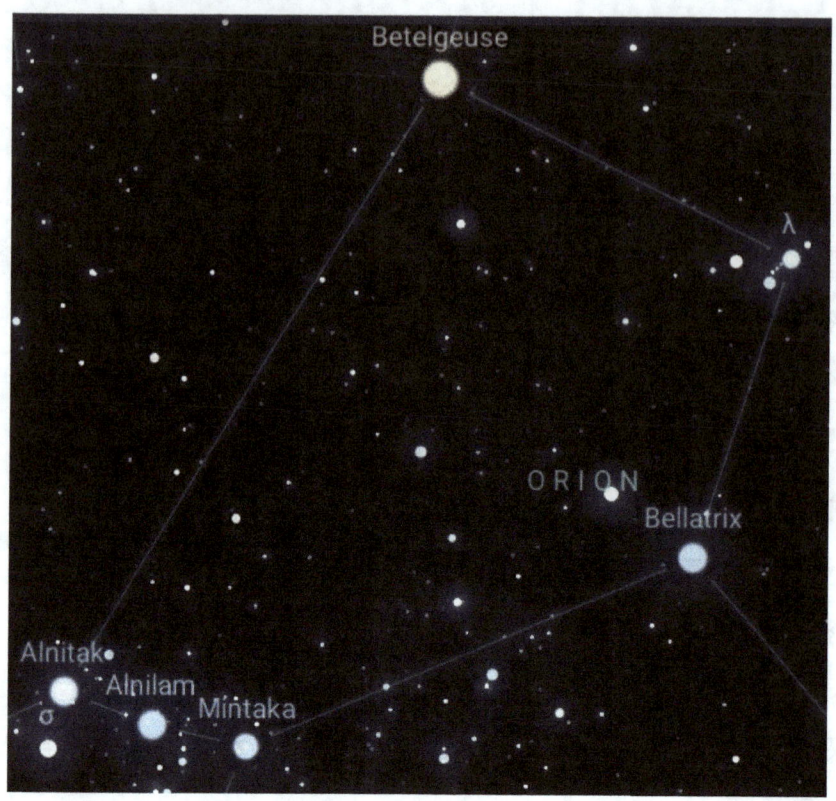

6 आर्द्रा Ardra - Betelgeuse

आराध्य देव वृक्ष – कृष्णगुरु, red sandalwood – pterocarpus santalinus

नक्षत्र देवता - रुद्र

नक्षत्र स्वामी ग्रह - राहु (rahu)

नक्षत्र राशि - मिथुन

नक्षत्र प्राणि - कुत्रा (dog)

नक्षत्र तत्व - जल

नक्षत्र स्वभाव - तीक्ष्ण

दान - गाय (a cow)

नक्षत्र देवता मंत्र - ॐ रुद्राय नमः । ॐशिवाय नमः ।

बीज मंत्र -ॐ ह्रीँ श्रीँ रुद्राय वायुतत्वाय नमो नमः।

वेद मंत्र - ॐ नमस्ते रुद्र मन्यवऽउतो तऽइषवे नमः ।
बाहुभ्यामुत ते नमः॥ जप संख्या 10000 times (Yajurveda 16.1)

पौराणिक मंत्र -

रुद्र श्वेतो वृशारूढः श्वेतमाल्यश्चतुर्भुजः ।
शूलखड्गाभयवरान्दधानो मे प्रसीदतु ॥

अनुवाद - वृषवाहन पर आरूढ, गले मे श्वेतवर्ण की माला पहने हूए, शूल व खडग से अभय वरदान देने वाले रुद्रदेवता हम पर प्रसन्न हो ।

नक्षत्र नाम मंत्र - ॐ आर्द्रायै नमः ।

नक्षत्र देवता के उपचार - श्वेतवस्त्र, बिल्वपत्र, गूगल-अगरुधूप, श्वेतगंध, विविध प्रकार के अन्ननैवेद्य ।

उपासना - चरण १ – गायत्री उपासना

चरण २ – जातवेदसेमंत्र के १लाख जप, स्वकमाइ का दान

चरण ३ - गायत्रीमंत्र व महामृत्यंजयमंत्र - प्रत्येक के १लाख जप

चरण ४ – गायत्रीमंत्र के १लाख जप तथा गोदान

उपासना का विशेष फल - यह उपासना करने वाला व्यक्ति पशु स्मृद्धि की प्रप्ति करता है ।

Betelgeuse
ORION
Bellatrix
Mintaka
Alnilam
Alnitak
Cursa
Hatysa
Rigel
Saiph

7 पुनर्वसु Punarvasu – Pollux & Castor

आराध्य देव वृक्ष – बांस, bamboo – bambusa vulgaris

नक्षत्र देवता - अदिती

नक्षत्र स्वामी ग्रह - गुरु (jupiter)

नक्षत्र राशि – मिथुन, कर्क

नक्षत्र प्राणि – बिल्ला - मार्जार (cat)

नक्षत्र तत्व - वायु

नक्षत्र स्वभाव - चर

दान – पीत्तल (brass)

नक्षत्र देवता मंत्र -ॐ अदित्यै नमः।ॐ अदितये नमः।

बीज मंत्र -ॐ ह्रीँ श्रीँ अदितिधौराय नमो नमः।

वेद मंत्र - ॐ अदितिर्द्यौरदितिरन्तरिक्षमदितिर्माता स पिता स पुत्रः । विश्वे देवाऽअदितिः पञ्च जनाऽअदितिर्जातमदितिर्जनित्वम् ॥ जप संख्या 10000 times

(Yajurveda 25.23)

पौराणिक मंत्र -

अदितीः पीतवर्णाश्चस्त्रुवाक्षकमण्डलून ।

दधाना शुभदा मे स्यात् पुनर्वसु कृताख्या ॥

अनुवाद – पुनर्वसु ने जिनका आवाहन किया है वे स्त्रुक, स्त्रुव, से अक्षय कमण्डल धारण करने वाले पीतवर्ण अदितिदेवता हमारे लिए

शुभ दायक हो ।

नक्षत्र नाम मंत्र - **ॐ पुनर्वसुभ्यां नमः ।**

नक्षत्र देवता के उपचार - **पीतवस्त्र, मल्लिकापुष्प, मलयजधूप, गोलकुंकुम, गुडान्ननैवेद्य ।**

उपासना - चरण १ – शनिवार को पीपल वृक्ष की पूजा, स्वकमाइ के 8% का पुण्य कार्य, गायत्रीमंत्र १लाख जप

चरण २ – गायत्रीमंत्र, महामृत्यंजयमंत्र, जातवेदसेमंत्र, विष्णुरराटमंत्र और कालिनि - प्रत्येक का १लाख जप

चरण ३ – दुर्गासप्तशती और शिवपूजन

चरण ४ – भानुसप्तमी व्रत

उपासना का विशेष फल – यह उपासना करने वाला व्यक्ति संतती और पशुधन की प्रप्ति करता है ।

Pollux
Castor
Mars
Moon
GEMINI
Alhena

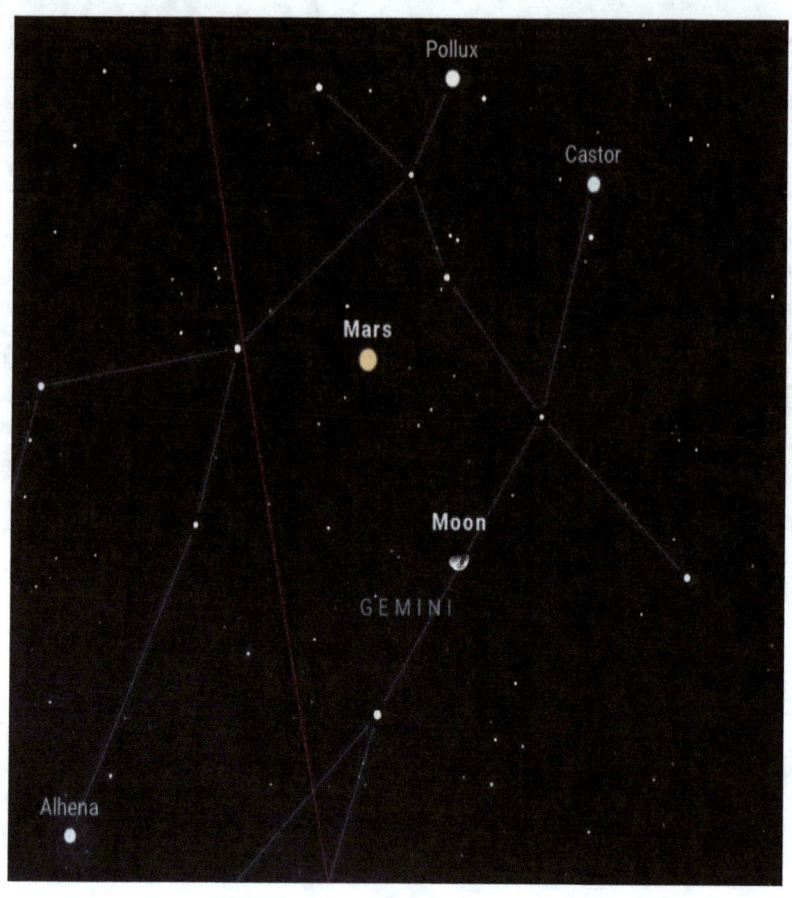

8 पुष्य Pushya - Asellus Australis = δ Cancri

आराध्य देव वृक्ष – पीपल, sacred fig – ficus religiosa

नक्षत्र देवता - बृहस्पति

नक्षत्र स्वामी ग्रह - शनि (saturn)

नक्षत्र राशि - कर्क

नक्षत्र प्राणि - बकरी (goat)

नक्षत्र तत्व - अग्नि

नक्षत्र स्वभाव - शुभ

दान – तिल और अन्न (sesame and food)

नक्षत्र देवता मंत्र - ॐ बृहस्पतये नमः ।

बीजमंत्र- ॐ ह्रीँ श्रीँ बृहस्पतये पृथ्वीतत्वाय नमो नमः।

वेद मंत्र - ॐ बृहस्पतेऽअति यदर्योऽअर्हाद् द्युमद्विभाति ऋतुमज्जनेषु । यद्दीदयच्छवसऽ ऋतप्रजात तदस्मासु द्रविणं धेहि चित्रम् ॥ जप संख्या 10000 (Yajurveda 26.3)

पौराणिक मंत्र -

वंदे बृहस्पतिं पुष्यदेवता मानुशाकृतिम् ।

सर्वाभरण संपन्नं देवमंत्रेण मादरात् ॥

अनुवाद – सर्व का पोषण करने मे समर्थ एसे देवोंका मंत्रीपद सुशोभित करनेवाले मनुष्याकृतियुक्त बृहस्पतिदेवता को मेरा नमस्कार ।

नक्षत्र नाम मंत्र - ॐ पुष्याय नमः ।

नक्षत्र देवता के उपचार - ==वस्त्र, पुष्प, धूप, गंध==, क्षीरान्ननैवेद्य ।

उपासना - चरण १ - गायत्रीमंत्र व जातवेदसेमंत्र के १लाख जप

चरण २ – गायत्रीमूलमंत्र के १लाख जप, श्रीफल व नारियल पंचरत्न सहित सफेद वस्त्रोमे लपेटके गंगा मे छोडना ।

चरण ३ – दो गौप्रदान, घी दान और गायत्री का १लाख जप

चरण ४ – महामृत्युंजयमंत्र के जप

उपासना का विशेष फल - यह उपासना करने वाला व्यक्ति ब्रह्मतेज की प्राप्ति व ब्रह्मवर्चस्वी होता है ।

γ
Praesepe
CANCER
Asellus
Australis
α
ζ

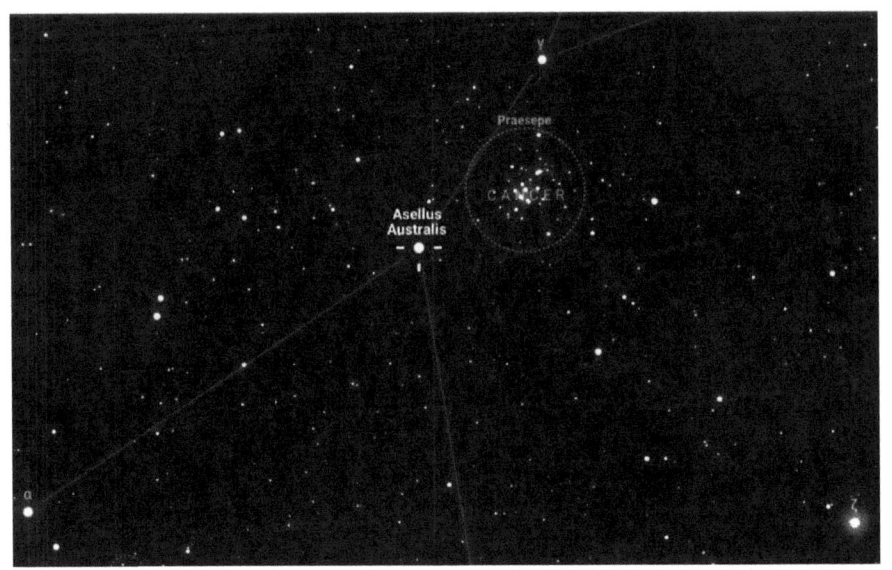

9 आश्लेषा Ashlesha - δ Hydrae

आराध्य देव वृक्ष – नागचम्पा, bridal bouquet – plumeria pudica

नक्षत्र देवता - सर्प

नक्षत्र स्वामी ग्रह - बुध (mercury)

नक्षत्र राशि - कर्क

नक्षत्र प्राणि – बिल्ला - मार्जार (cat)

नक्षत्र तत्व - जल

नक्षत्र स्वभाव – तीक्ष्ण, शोक

दान - गाय (a cow)

नक्षत्र देवता मंत्र - ॐ सर्पेभ्यो नमः ।

बीज मंत्र - ॐ ह्रीँ श्रीँ सर्पदेवाय पृथ्वीतत्वाय नमो नमः।

वेद मंत्र - ॐ नमोऽस्तु सर्पेभ्यो ये के च पृथिवीमनु । येऽ अन्तरिक्षे ये दिवि तेभ्यः सर्पेभ्यो नमः ॥ जप संख्या 10000 times (Yajurveda 13.6)

पौराणिक मंत्र -

सर्पोरक्त स्त्रिनेत्रश्च फलकासिकरद्वयः ।

आश्लेषा देवता पितांबरधृग्वरदोऽस्तुमे ॥

अनुवाद – रक्तवर्ण के त्रिनेत्रवाले दो फण और जिह्वा है एसे पितांबरधारि आश्लेषा नक्षत्र के सर्प देवता की मैं स्तुती करता हूं ।

नक्षत्र नाम मंत्र - ॐ आश्लेषायै नमः ।

नक्षत्र देवता के उपचार - <mark>वस्त्र</mark>, अगस्तिपुष्प, गूगलधूप, <mark>गंध</mark>, खीरनैवेद्य ।

उपासना - चरण १ – सूर्यमंत्र का ५लाख जप

चरण २ - गायत्रीमंत्र

चरण ३ – जातवेदसेमंत्र का जप

चरण ४ – विष्णुपूजन और विष्णुरराटमंत्र का जप

उपासना का विशेष फल - यह उपासना करने वाला व्यक्ति शत्रु पर विजय प्राप्त करता है ।

Delta Hydrae
Double or multiple star

Also known as	4 Hydrae	HD 73262	HR 3410	SAO 116965
	HIP 42313	TYC 223-1795-1	BD+06 2001	

Magnitude	4.13
Distance	160.35 light years
Spectral Type	A0Vnn
Ra/Dec	08h 39m 00.1s +05° 36' 51.8"
Az/Alt	211° 20' 26.2" +61° 14' 25.7"
Visibility	Rise: 14:01 Set: 02:26

Delta Hydrae, Latinized from δ Hydrae, is a double star in the equatorial constellation of Hydra. It is visible to the naked eye with an apparent visual magnitude of 4.146. Based upon an annual parallax shift of 20.34 mas, it is located about 160 light years from the Sun. This is a double... *more on wikipedia*

SEXTANS

Delta Hydrae

Alphard

HYDRA

10 मघा Magha - Regulus

आराध्य देव वृक्ष – **बरगद, वट** banyan – ficus benghalensis

नक्षत्र देवता – **पितृ (पितर)**

नक्षत्र स्वामी ग्रह - **केतु** (ketu)

नक्षत्र राशि - **सिंह**

नक्षत्र प्राणि – **उंदीर - चूहा** (rodent)

नक्षत्र तत्व - **अग्नि**

नक्षत्र स्वभाव – **क्रूर, उग्र**

दान - **गाय** (a cow)

नक्षत्र देवता मंत्र - **ॐ पितृभ्यो नमः। ॐ पितरेभ्यो नमः।**

बीजमंत्र- **ॐ ह्रीँ श्रीँ पितृदेवाय पृथ्वीतत्वाय नमो नमः।**

वेद मंत्र - **ॐ पितृभ्यः स्वधायिभ्यः स्वधा नमः पितामहेभ्यः स्वधायिभ्यः स्वधा नमः प्रपितामहेभ्यः स्वधायिभ्यः स्वधा नमः । अक्षन् पितरोऽमीमदन्त पितरोऽतीतृपन्त पितरः पितरः शुन्धध्वम् ॥** जप संख्या 10000 times (Yajurveda 19.36)

पौराणिक मंत्र -

पितरः पिण्डहस्ताश्च कृशाधूम्रा पवित्रिणः ।

कुशलं दधुरस्माकं मघा नक्षत्र देवताः ॥

अनुवाद - हाथ मे पिण्ड धारण करनेवाले, धूम्रवर्णके मघा नक्षत्र के परमपवित्र पितृदेवता हमे कौशल्य प्रदान करें ।

नक्षत्र नाम मंत्र - ॐ मघायै नमः ।

नक्षत्र देवता के उपचार - कृष्णवस्त्र, चंपकपुष्प, गूगलधूप, धृतागरुगंध, धृतगुड (ghee or jaggery) नैवेद्य ।

उपासना - चरण १ – हरिवंशपुराण, गायत्रीमंत्र

चरण २ – गायत्रीमंत्र और जातवेदसेमंत्र जप

चरण ३ – गायत्रीमंत्र जप, गोप्रदान, तिल का दान

चरण ४ - गायत्रीमंत्र और जातवेदसेमंत्र जप और भूमी दान

उपासना का विशेष फल - यह उपासना करने वाला व्यक्ति पितृलोक प्राप्ति एवं समृद्धि प्राप्त करता है ।

Algieba
Regulus
LEO
Zosma

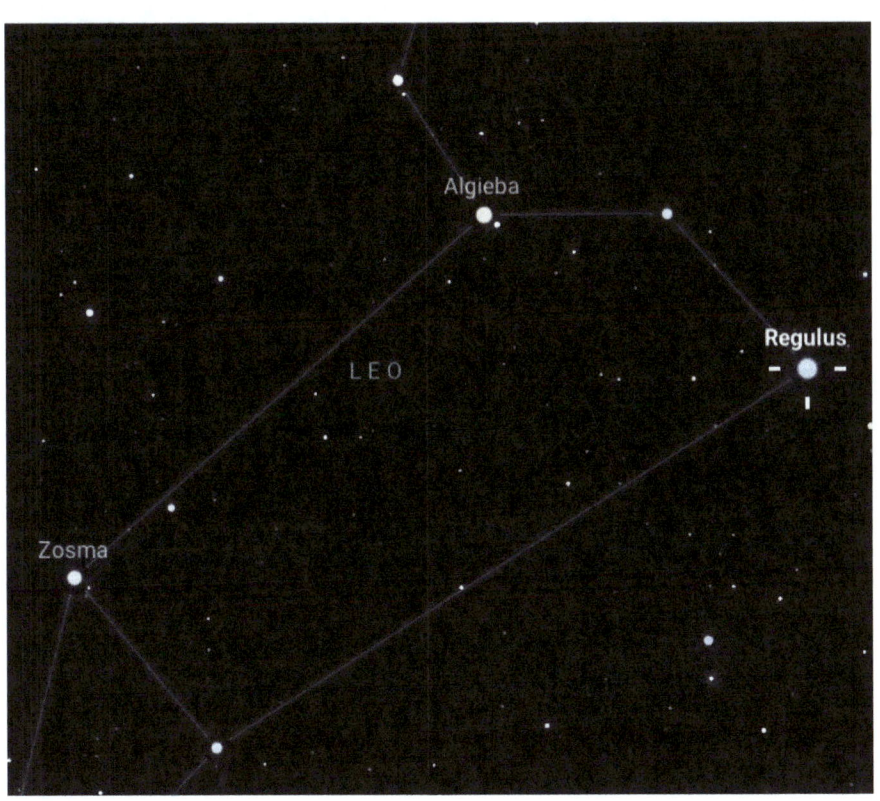

11 पूर्वा फाल्गुनी Purva Phalguni- δLeonis =zosma

आराध्य देव वृक्ष – **पलाश**, flame of the forest – butea monosperma

नक्षत्र देवता - **भग**

नक्षत्र स्वामी ग्रह - **शुक्र** (venus)

नक्षत्र राशि - **सिंह**

नक्षत्र प्राणि - **उंदीर - चूहा** (rodent)

नक्षत्र तत्व - **अग्नि**

नक्षत्र स्वभाव - **शुभ**

दान - **भोजन** (food)

नक्षत्र देवता मंत्र - **ॐ भगाय नमः ।**

बीजमंत्र-**ॐ ह्रीँ श्रीँ मित्रदेवाय पृथ्वीतत्वाय नमो नमः।**

वेद मंत्र - **ॐ भग प्रणेतर्भग सत्यराधो भगेमां धियमुदवा ददन्नः। भग प्र णो जनय गोभिरश्वैर्भग प्र नृभिर्नृवन्तः स्याम ॥** जप संख्या 10000 (Yajurveda 34.36)

पौराणिक मंत्र - **भगं रथवरारूढं द्विभुजं शंखचक्रकम् ।**
फाल्गुनीदेवतां ध्यायेत् भक्ताभीष्टवरप्रदाम् ॥

अनुवाद – कल्यानकारी रथपर आरूढ एसे शंख, चक्र धारण करनेवाले दो भुजावाले एसे फाल्गुनी देवता का भक्तों के कल्याण के लिये और वर

प्राप्ति के लिये ध्यान करना चाहिये ।

नक्षत्र नाम मंत्र - ॐ पूर्व फाल्गुनीभ्यां नमः ।

नक्षत्र देवता के उपचार - रक्तवस्त्र, बिल्वफल, घृतदीप, धूप, रक्तचंदन, आहारभक्ष्य नैवेद्य ।

उपासना - चरण १ – गायत्रीमंत्र ५लाख जप

चरण २ - गायत्रीमंत्र १लाख जप और गौदान

चरण ३ - गायत्रीमंत्र १लाख जप दशांश होमसहित और गौदान

चरण ४ – गायत्री मंत्र और जातवेदसे मंत्र जप

उपासना का विशेष फल - यह उपासना करने वाला व्यक्ति पशुधन की समृद्धि प्राप्त करता है ।

Algieba
Regulus
LEO
Zosma
Denebola

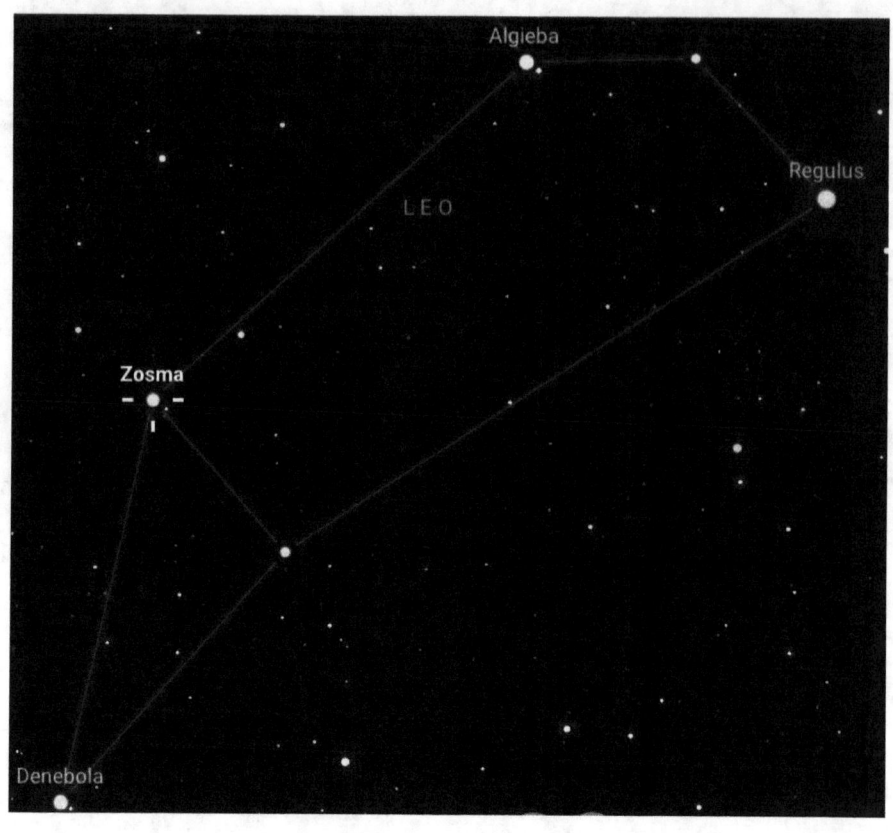

12 उत्तरा फाल्गुनी Uttara Phalguni - Denebola

आराध्य देव वृक्ष – पायरी, पाकड, java fig – ficus lacor

नक्षत्र देवता - अर्यमा

नक्षत्र स्वामी ग्रह - रवि (sun)

नक्षत्र राशि – सिंह, कन्या

नक्षत्र प्राणि - गाय (cow)

नक्षत्र तत्व - वायु

नक्षत्र स्वभाव – शुभ, ध्रुव

दान - अन्न (food)

नक्षत्र देवता मंत्र - ॐ अर्यम्णे नमः ।

बीजमंत्र ॐ ह्रीँ श्रीँ भगप्राणमाय जलतत्वाय नमो नमः।

वेद मंत्र - ॐ दैव्यावध्वर्यू आ गतꣳ रथेन सूर्य्यत्वचा ।

मध्वा यज्ञꣳ समञ्जाथे । तं प्रत्नथा । अयं वेनः ॥ जप संख्या

10000 times (Yajurveda 33.73)

पौराणिक मंत्र- संपूज्याम्यर्यमणं फाल्गुनी तार देवताम् ।

धूम्रवर्णं रथारूढं सुशक्तिकरसंयुतम् ॥

अनुवाद - फाल्गुनी देवता, धूम्रवर्ण के रथ पर आरूढ होनेवाले, शक्तिमान हाथी की जोडीवाले अर्यमा देवता का मैं पूजन करता हूं ।

नक्षत्र नाम मंत्र - ॐ उत्तरा फाल्गुनीभ्यां नमः ।

नक्षत्र देवता के उपचार - श्वेतवस्त्र, श्वेतखरवीर और नीलोत्पलपुष्प, घृतदीप, बिल्वधूप, कुंकुमगंध, तिल और अक्षत, घृत-ओदननैवेद्य ।

उपासना - चरण १ – दशवर्ण की गाय का दान और भानुसप्तमी व्रत
चरण २ – गायत्रीमंत्र जप और गौप्रदान
चरण ३ – वैशाख, कार्तिक या माघमास मे प्रातःस्नानतरं गौप्रदान
चरण ४ – विष्णु उपासना

उपासना का विशेष फल - यह उपासना करने वाला व्यक्ति गुणसंपन्नता, श्रेष्ठ पद की प्राप्ति व समकक्ष लोक मे श्रेष्ठता प्राप्त करता है ।

Algieba
Regulus
LEO
Zosma
Denebola

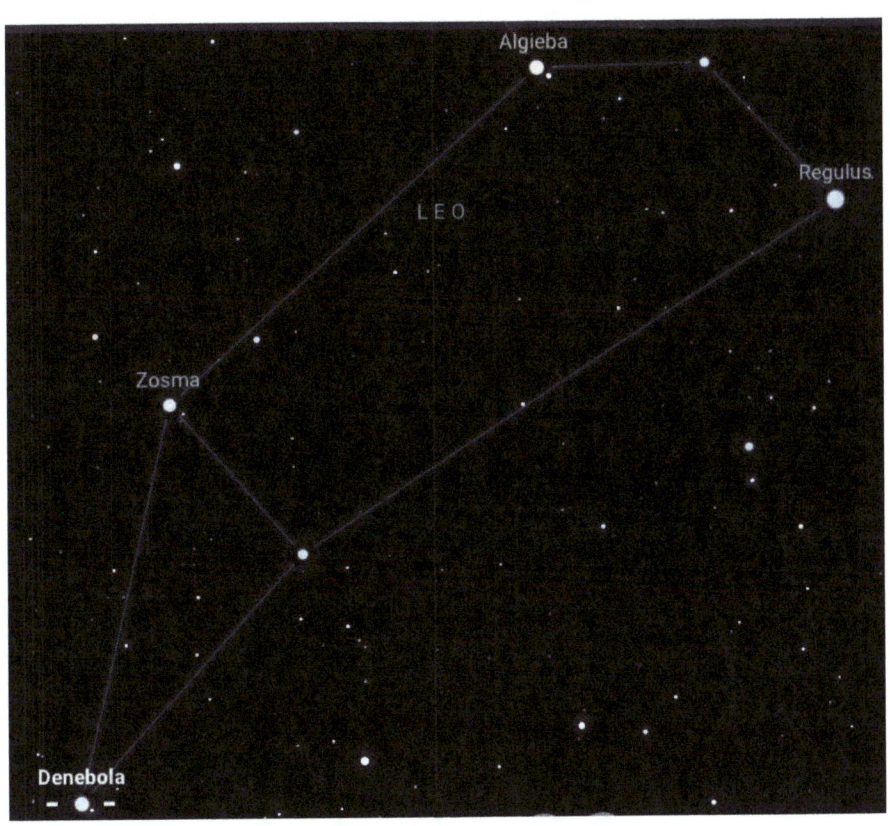

13 हस्त Hasta - β Corvi = kraz

आराध्य देव वृक्ष – जूही, चमेली, jasmine – jasminum auriculatum

नक्षत्र देवता - सूर्य

नक्षत्र स्वामी ग्रह - चंद्र (moon)

नक्षत्र राशि - कन्या

नक्षत्र प्राणि – म्हैस - भैंस (buffalo)

नक्षत्र तत्व - वायु

नक्षत्र स्वभाव – शुभ, सत्वगुणी, त्वरित्

दान - अन्न (food)

नक्षत्र देवता मंत्र - ॐ सवित्रे नमः ।

बीज मंत्र -ॐ ह्रीँ श्रीँ अर्यमाह्विदया वद्रिदेवाय वायुतत्वाय नमो नमः।

वेद मंत्र - ॐ विभ्राड् बृहत् पिबतु सोम्यं मध्वाय्युर्दधद् यज्ञपतावविह्रुतम् । वातजूतो योऽअभिरक्षति त्मना प्रजाः पुपोष पुरुधा वि राजति ॥ जप संख्या 7000 times

(Yajurveda 33.30)

पौराणिक मंत्र -

सवितारहं वंदे सप्ताश्वरथ वाहनम् ।

पद्मासनस्थं छायेशं हस्तनक्षत्रदेवताम् ॥

अनुवाद – अन्धकार पर विजय प्राप्त करनेवाले, पद्मासन मे बैठे हुए, जिनका रथ सप्तघोडे चला रहे हैं वे हस्त नक्षत्र के सवितृदेवता को मैं वंदन करता हूं ।

नक्षत्र नाम मंत्र - ॐ हस्ताय नमः ।

नक्षत्र देवता के उपचार - रक्तवस्त्र, रक्तकरवीरपुष्प, दशांगधूप, रक्तगंध, पूरी का नैवेद्य ।

उपासना - चरण १ – जातवेदसे मंत्र का 50000 जप और उसका विधिपूर्वक हवन मार्जन आदि ।

चरण २ – शिवपूजा और शिवमंत्र जप

चरण ३ – गायत्रीमंत्र जप और जल की परब (drinking water arrangement)

चरण ४ – सूर्य उपासना और गायत्रीमंत्र १लाख जप

उपासना का विशेष फल - यह उपासना करने वाला व्यक्ति सर्व का विश्वासपात्र, सार्हता, सुदृढ नेतृत्व प्राप्त करता है ।

Gienah
Algorab
CORVUS
Kraz

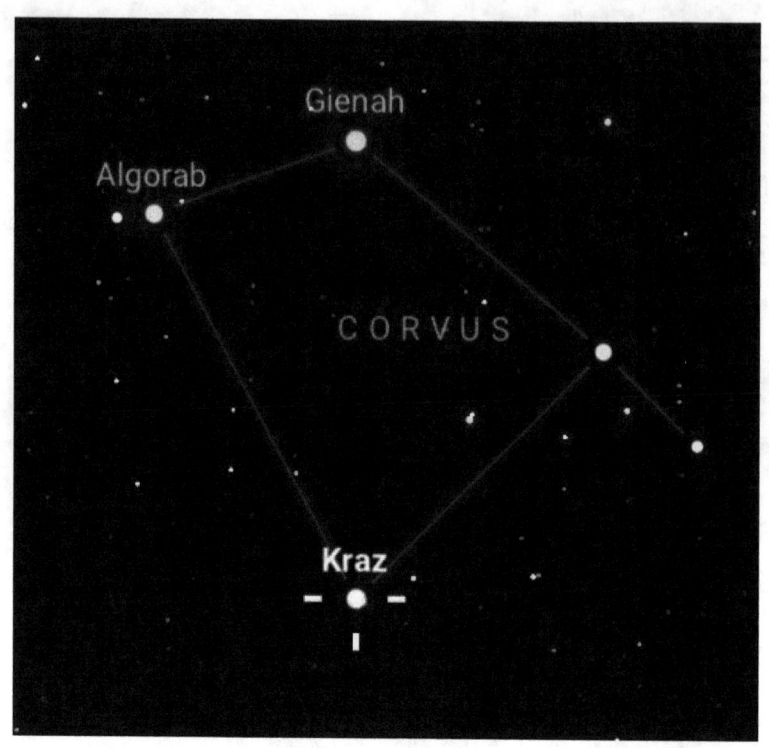

14 चित्रा Chitra - Spica

आराध्य देव वृक्ष – बेल, बिल्वा, wood apple – aegle marmelos

नक्षत्र देवता - त्वष्टा

नक्षत्र स्वामी ग्रह - मंगल (mars)

नक्षत्र राशि – कन्या, तुला

नक्षत्र प्राणि - बाघ (tiger)

नक्षत्र तत्व - वायु

नक्षत्र स्वभाव – तीक्ष्ण, उग्र

दान - दूध (milk)

नक्षत्र देवता मंत्र - ॐ त्वष्ट्रे नमः । ॐ विश्वकर्मणे नमः।

बीज मंत्र -ॐ ह्रीँ श्रीँ ऊर्दुत्वजात्वैदी रतिदेवाय अग्नितत्वाय नमो नमः।

वेदमंत्र - ॐ त्वष्टा तुरीपोऽअद्भुतऽइन्द्राग्नी पुष्टिवर्धना । द्विपदाच्छन्दऽइन्द्रियमुक्षा गौर्न वयो दधुः ॥ जप संख्या 10000 times (Yajurveda 21.20)

पौराणिक मंत्र - त्वष्टारं रथमारूढं चित्रानक्षत्रदेवताम् । शंखचक्रान्वितकरं किरीटीनमहं भजे ॥

अनुवाद – हाथ मे शंख, चक्र धारण करनेवाले, मुकुटधारी रथ पर

आरूढ एसे चित्रा नक्षत्र के त्वष्टा वायुदेवता को मैं नमन करता हूं ।

नक्षत्र नाम मंत्र - **ॐ चित्रायै नमः ।**

नक्षत्र देवता के उपचार - **चित्रवस्त्र, चित्रपुष्प, सर्जर धूप, कुंकुमगंध, मोदक का नैवेद्य ।**

उपासना - चरण १ – विष्णु उपासना

चरण २ – एकादशी व्रत

चरण ३ – शिव उपासना, शिव षडाक्षरीमंत्र जप

चरण ४ – माघ मास मे प्रयाग क्षेत्र मे स्नान और गायत्रीमंत्र जप

उपासना का विशेष फल - यह उपासना करने वाला व्यक्ति अनेक प्रकार की प्रजा से युक्त, अनुयायी प्राप्त करता है ।

Porrima
Gienah
Algorab
VIRGO
CORVUS
Kraz
Spica

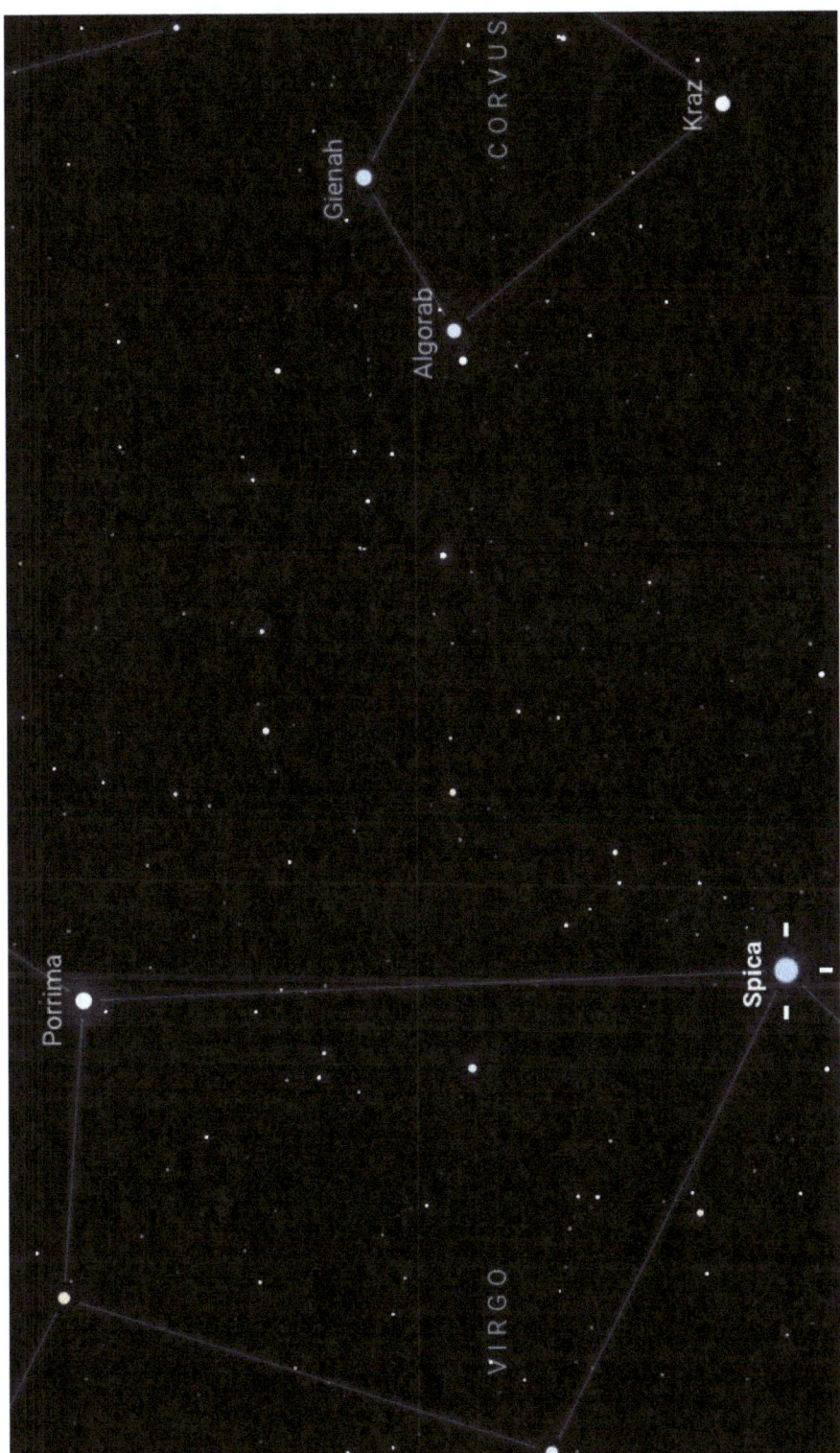

15 स्वाति Svati - Arcturus

आराध्य देव वृक्ष – अर्जुन, arjuna – terminalia arjuna

नक्षत्र देवता - वायु

नक्षत्र स्वामी ग्रह - राहु (rahu)

नक्षत्र राशि - तुला

नक्षत्र प्राणि - म्हैस - भैंस (buffalo)

नक्षत्र तत्व - अग्नि

नक्षत्र स्वभाव – शुभ, चर

दान – गाय का घी (ghee)

नक्षत्र देवता मंत्र - ॐ वायवे नमः ।

बीज मंत्र -ॐ ह्रीँ श्रीँ त्वष्टातुरिया विश्वकर्मदेवाय अग्नितत्वाय नमो नमः।

वेदमंत्र - ॐ वायो ये ते सहस्त्रिणो रथासस्तेभिरा गहि। नियुत्वान्त्सोमपीतये ॥ जप संख्या 10000 times (Yajurveda 27.32)

पौराणिक मंत्र - वायुवरं मृगारूढं स्वाति नक्षत्रदेवताम् ।
खड्ग चर्मोज्वलकरं धूम्रवर्ण नमाम्यहम् ॥

अनुवाद – वायु मे श्रेष्ट, मृग पर आरूढ, खड्ग चामर से उज्जवल एसे स्वाति नक्षत्र के धूम्रवर्णी वायु देवता को मैं नमन करता हूं ।

नक्षत्र नाम मंत्र - ॐ स्वात्यै नमः ।

नक्षत्र देवता के उपचार - कृष्णवस्त्र, माधवीपुष्प, कृष्णगरुधूप, कृष्णगरुगंध, दही का नैवेद्य ।

उपासना - चरण १ – विष्णुरराटमंत्र १लाख जप, कूप एवं तालाब का जीर्णोद्धार

चरण २ – गायत्रीमंत्र १०लाख जप, प्रतिवर्ष कार्तिक मास मे तुलसी पूजा और दीप दान

चरण ३ – गायत्रीमंत्र १लाख जप, हवन मार्जन सहित

चरण ४ – गायत्रीमंत्र १लाख जप, शालीग्राम पूजा

उपासना का विशेष फल - यह उपासना करने वाले व्यक्ति के हर प्रकार के संकट का नाश होता है, और वह स्वेच्छा से सर्वत्र संचार करने की शक्ति प्राप्त करता है ।

Muphrid
Arcturus
BOOTES
Izar

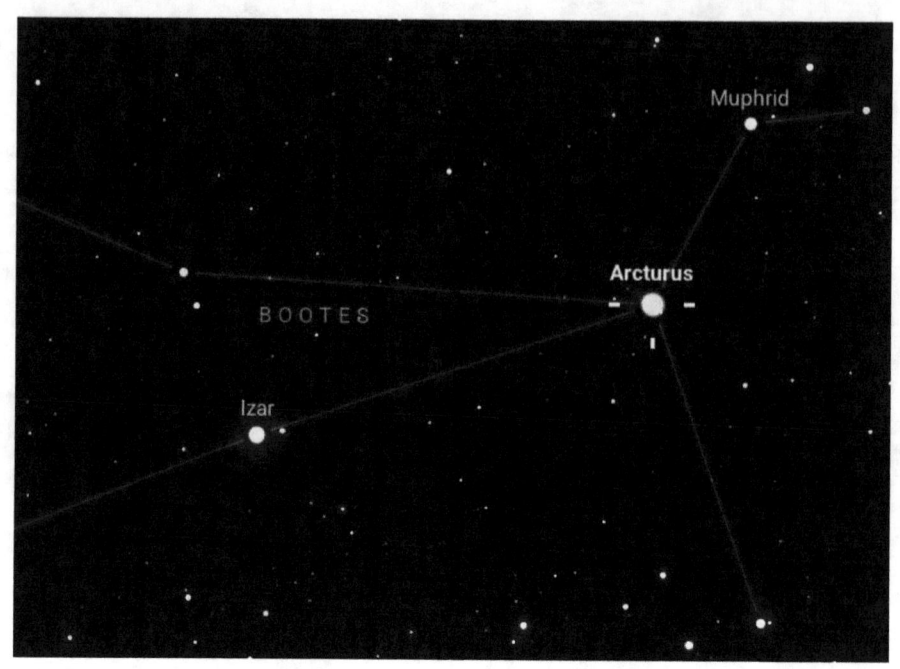

16 विशाखा Vishakha - Zubeneschamali

आराध्य देव वृक्ष – कण्टाई , विकंकत, governer's plum – flacourtia indica

नक्षत्र देवता - इन्द्राग्नी

नक्षत्र स्वामी ग्रह - गुरु (moon)

नक्षत्र राशि – तुला, वृश्चिक

नक्षत्र प्राणि - बाघ (tiger)

नक्षत्र तत्व - वायु

नक्षत्र स्वभाव - अशुभ

दान – गाय का घी अथवा दूध (ghee or milk)

नक्षत्र देवता मंत्र - ॐ इन्द्राग्निभ्यां नमः ।

बीज मंत्र -ॐ ह्रीँ श्रीँ वायुदेवाय अग्नितत्वाय नमो नमः।

वेदमंत्र-ॐ इन्द्राग्नीऽआगतꣳ सुतं गीर्भिर्नमो वरेण्यम्। अस्य पातं धियोषिता उपयामगृहीतोऽसीन्द्राग्निभ्यां त्वैष ते योनिरिन्द्राग्निभ्यां त्वा ॥ जप संख्या 10000 times (Yajurveda 7.31)

पौराणिक मंत्र -

इन्द्राग्निशुभदौ स्यातां विशाखा देवतेशुभे ।
नमोम्यै करथारूढौ वराभयकरांभुजौ ॥

अनुवाद – विशाखा नक्षत्र के लिये शुभदायक, एक हि रथ पर आरूढ होनेवाले, अभय वरदान देने वाले, हस्तकमल की जोडीवाले, शुभकर एसे इन्द्रदेवता को मैं नमन करता हूं ।

नक्षत्र नाम मंत्र - ॐ विशाखाभ्यां नमः ।

नक्षत्र देवता के उपचार - रक्तवस्त्र, श्वेतपुष्प, कृष्णगरुधूप, अष्टगंध, पायसनैवेद्य ।

उपासना - चरण १ – शिवरात्रि व्रत

चरण २ – गायत्रीमंत्र व जातवेदसेमंत्र – प्रत्येक का १लाख जप

चरण ३ – आकृष्णेन १लाख जप, तिल-घी-शहद-चावल से हवन

चरण ४ – प्रति रविवार को सूर्यपूजा तथा सूर्यउपासना, "ॐ यं" या "ॐ राम" शब्द की १माला जप

उपासना का विशेष फल – यह नक्षत्र की उपासना करने वाले व्यक्ति को हर प्रकार के शत्रु का निवारण, विजय व अभय की प्राप्ति होति है।

Vesta
Zubenelgenubi II
Zubeneschamali
LIBRA

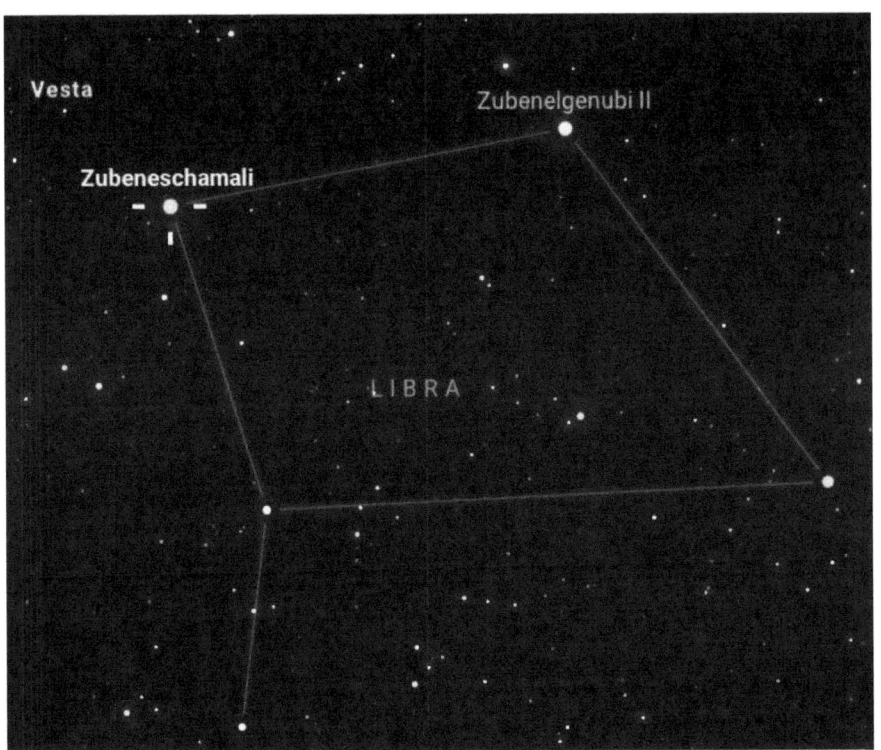

17 अनुराधा Anuradha – Dschubba = δ Scorpii

आराध्य देव वृक्ष – बोरसली, मौलश्री, spanish cherry – mimusops elengi

नक्षत्र देवता - मित्र

नक्षत्र स्वामी ग्रह - शनि (saturn)

नक्षत्र राशि - वृश्चिक

नक्षत्र प्राणि - हिरण (deer)

नक्षत्र तत्व - पृथ्वी

नक्षत्र स्वभाव – शुभ, मृदु

दान – गाय का घी (ghee)

नक्षत्र देवता मंत्र - ॐ मित्राय नमः ।

बीज मंत्र -ॐ ह्रीँ श्रीँ इन्द्राग्निदेवाय अग्नितत्वाय नमो नमः।

वेद मंत्र - ॐ नमो मित्रस्य वरुणस्य चक्षसे महो देवाय तद्दतꣳ सपर्यत । दूरेदृशे देवजाताय केतवे दिवस्पुत्राय सूर्याय शꣳ सत ॥ जप संख्या 10000 times (Yajurveda 4.35)

पौराणिक मंत्र -

मित्रं पद्मासनारूढं अनुराधेश्वरं भजे ।

शूलां कुशलसद्बाहुं युग्मंशोणितवर्णकम् ॥

अनुवाद- पद्मासन मे आसीत शूल धारण किये हुए , सदबाहु, द्विभुज एसे

रक्तवर्ण के अनुराधेश्वर मित्रदेवता की मैं स्तुति करता हूं।

नक्षत्र नाम मंत्र - ॐ अनुराधाभ्यो नमः ।

नक्षत्र देवता के उपचार - रक्तवस्त्र, सुगंधितपुष्प, बिल्वधूप, कुंकुमगंध, बिल्वपत्र, कृषारान्ननैवेद्य ।

उपासना - चरण १ – गायत्रीमंत्र १लाख जप

चरण २ – सूर्योपासना, भानुसप्तमी व्रत

चरण ३ – आदित्यहृदय स्तोत्र पाठ

चरण ४ – सोमवती अमावस्या अथवा गुरुवार की अमावस्या को पिण्डदान करना, भानुसप्तमी व्रत

उपासना का विशेष फल – यह उपासना करने वाला व्यक्ति परं मित्र एवं दीर्घ आयुष्य की प्राप्ति करता है ।

Acrab
Dschubba
Pi Scorpii
Alniyat
Antares
Tau Scorpii
SCORPIUS
M 19
Epsilon Scorpii
Mu¹ Scorpii

18 ज्येष्ठा Jyeshtha - Antares

आराध्य देव वृक्ष – सांबर, सेमल, silk cotton – bombax ceiba

नक्षत्र देवता - इन्द्र

नक्षत्र स्वामी ग्रह - बुध (mercury)

नक्षत्र राशि - वृश्चिक

नक्षत्र प्राणि - हिरण (deer)

नक्षत्र तत्व - पृथ्वी

नक्षत्र स्वभाव - तीक्ष्ण

दान - तिल (sesame)

नक्षत्र देवता मंत्र - ॐ इन्द्राय नमः । ॐ शक्राय नमः ।

बीज मंत्र -ॐ ह्रीँ श्रीँ इन्द्रदेवाय अग्नितत्वाय नमो नमः।

वेद मंत्र - ॐ त्रातारमिन्द्रमवितारमिन्द्रꣳ हवेहवे सुहवꣳ शूरमिन्द्रम् । हुवे नु शक्रं पुरुहूतमिन्द्रꣳ स्वस्ति न इन्द्रो मघवान्कृणोतु॥ जप संख्या 10000 times (Atharvaveda 7.86.1)

पौराणिक मंत्र -

श्वेतहस्तिनमारूढं वज्रांकुशलरत्करम् ।
सहस्रनेत्रं पीताभं इन्द्रं हृदि विभावये ॥

अनुवाद – श्वेत अश्व पर आरूढ, वज्रधारण करने वाले, कुशल समबाहु,

एसे पीतवर्ण के इन्द्रदेव को मैं हृदय में धारण करता हूं ।

नक्षत्र नाम मंत्र - ॐ ज्येष्ठायै नमः ।

नक्षत्र देवता के उपचार - पीतवस्त्र, लालकमलपुष्प, कर्पूरागरुधूप, श्रीगंध, चित्रोदननैवेद्य ।

उपासना - चरण १ - गायत्रीमंत्र १लाख जप, भूमि तथा अश्व दान

चरण २ – एकादशी व्रत

चरण ३ – पूर्णिमा व्रत, गायत्रीमंत्र १लाख जप हवन मार्जन सहित

चरण ४ – चान्द्रगायत्री तथा सूर्यगायत्री व्रत

उपासना का विशेष फल – यह नक्षत्र की उपासना करनेवाला व्यक्ति हर प्रकार के संकट से मुक्त होता है ।

Acrab
Dschubba
Pi Scorpii
Alniyat
Antares
Tau Scorpii
SCORPIUS
M 19
Epsilon Scorpii
Mu¹ Scorpii

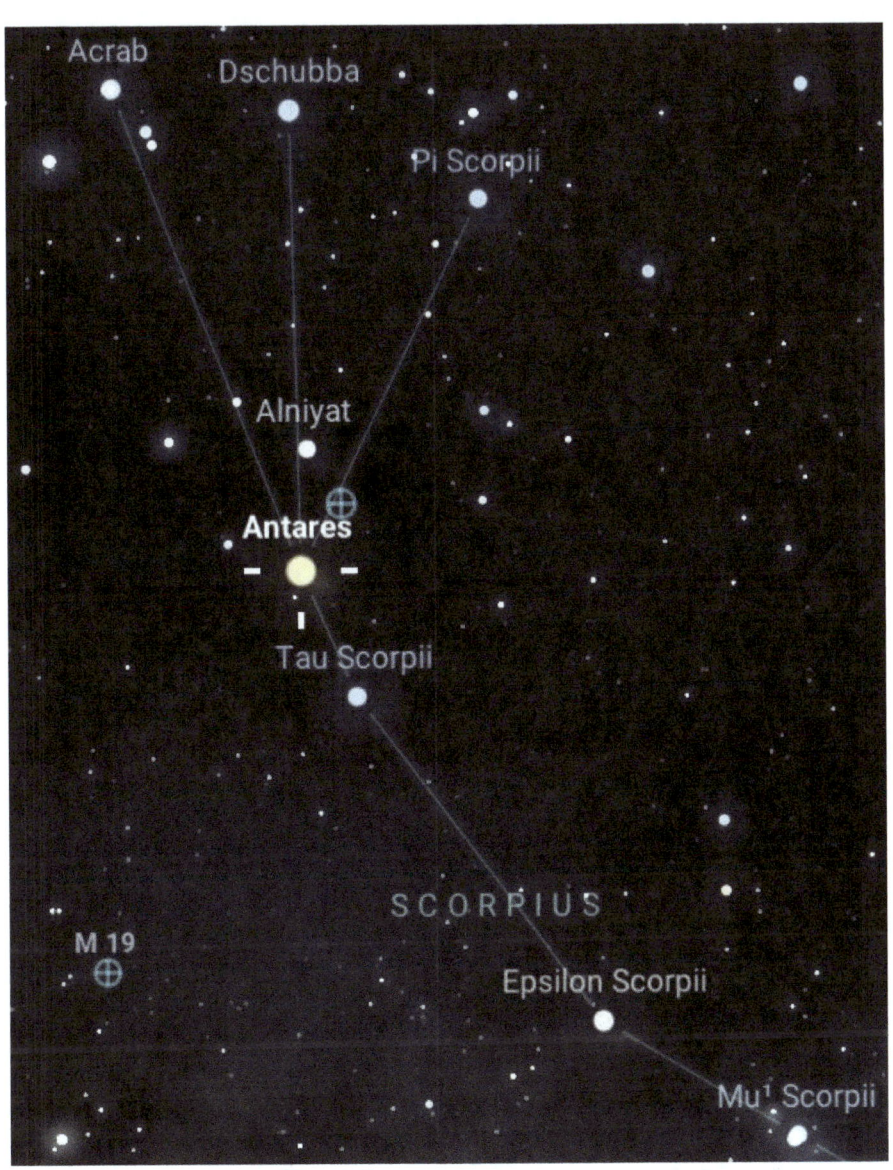

19 मूल Mula – λ Scorpii = shaula

आराध्य देव वृक्ष – राल, साल, common sal – shorea robusta gaertn

नक्षत्र देवता – निऋति (राक्षस)

नक्षत्र स्वामी ग्रह - केतु (ketu)

नक्षत्र राशि - धनु

नक्षत्र प्राणि – कुत्ता - श्वान (dog)

नक्षत्र तत्व - जल

नक्षत्र स्वभाव - तीक्ष्ण

दान - चांदि (silver)

नक्षत्र देवता मंत्र - ॐ निऋतये नमः ।

बीज मंत्र - ॐ ह्रीं श्रीं राक्षसाय (मातापुत्राय) अग्नितत्वाय नमो नमः।

वेद मंत्र - ॐ मातेव पुत्रं पृथिवी पुरीष्यमग्निꣳ स्वे योनावभारुषा । तां विश्वैर्देवैर्ऋतुभिः संविदानः प्रजापतिर्विश्वकर्मा विमुञ्चतु ॥ जप संख्या 7000 times

(Yajurveda 12.61)

पौराणिक मंत्र -

खड्गखेटधरं कृष्णं यातुधानं नृवाहनम् ।

अर्ध्वकेशं विरुपाक्षं भजे मूलाधिदेवताम् ॥

अनुवाद – वाहनवाला, खड्ग धारण करनेवाला, अर्धकेश और सुंदर नेत्रवाला, कृष्णवर्णिय मूल नक्षत्र के निऋति नाम के देवता की मैं पूजा करता हूं ।

नक्षत्र नाम मंत्र - ॐ मूलाय नमः ।

नक्षत्र देवता के उपचार - कृष्णवस्त्र, सरोजपुष्प, शृंगधूप, कृष्णागरुगंध, रक्तरसान्न (गुड+ओदन) नैवेद्य ।

उपासना - चरण १ – गायत्रीमंत्र, मृत्युंजयमंत्र, जातवेदसे मंत्र – प्रत्येक १लाख जप, हवन मार्जन सहित

चरण २ – शिव उपासना, अमावस्या के दिन पिण्डदान तथा षडाक्षरमंत्र १०लाख जप

चरण ३ - गायत्रीमंत्र हवन मार्जन सहित तथा गौप्रदान

चरण ४ – लक्ष्मी जपमंत्र "ॐ लक्ष्मीदेवी महालक्ष्मी कमले सर्वसिद्धि दे । मम पूर्व कृतं पापं तत् क्षमस्व दया निधे ॥"

उपासना का विशेष फल – यह नक्षत्र की उपासना करनेवाला व्यक्ति हर प्रकार के दुष्ट प्रभाव से मुक्त होता है ।

Antares
FOV 22.8°
OBSERV
Tau Scorpii
SCORPIUS
Epsilon Scorpii
Mu¹ Scorpii
C 76
Lesath
Shaula
Kappa Scorpii
M 7
Sargas

20 पूर्वा आषाढा Purva Ashadha-Kaus Australis

आराध्य देव वृक्ष – वेंत, slender rattan cane – calamus pseudotenuis

नक्षत्र देवता – जल (आपः)

नक्षत्र स्वामी ग्रह - शुक्र (venus)

नक्षत्र राशि - धनु

नक्षत्र प्राणि - वानर (monkey)

नक्षत्र तत्व - जल

नक्षत्र स्वभाव - उग्र

दान - गाय (cow)

नक्षत्र देवता मंत्र - ॐ अद्भयो नमः ।

बीज मंत्र -ॐ ह्रीं श्रीं श्रापोधर्माय जलदेवताय वायुतत्वाय नमो नमः ।

वेद मंत्र - ॐ अपाघमप किल्विषमप कृत्यामपो रपः ।
अपामार्ग त्वमस्मदप दुःष्वप्न्यꣳ सुव ॥ जप संख्या 7000 times (Yajurveda 35.11)

पौराणिक मंत्र -

आषाढदेवता नित्यमापः सन्तु शुभावहाः ।
समुद्र गास्तराड गिणोल्हादिन्यः सर्वदेहिनाम् ॥

अनुवाद – शुभवाहन पर आरूढ, समुद्र की वर्षा के जैसे, शरीर के लिये आह्लादक एसे आषाढ के देवता को मैं प्रणाम करता हूं ।

नक्षत्र नाम मंत्र - ॐ पूर्वाषाढाभ्यां नमः ।

नक्षत्र देवता के उपचार - श्वेतवस्त्र, श्वेतकरवीरपुष्प, मनःशिशीलधूप, अष्टगंध, क्षीरान्ननैवेद्य ।

उपासना - चरण १ – कूप, तालाब का जीर्णोद्धार और भानुसप्तमी व्रत

चरण २ – गौप्रदान, “ॐ लक्ष्म्यै नमः” मंत्र के १लाख जप हवन मार्जन सहित

चरण ३ – गायत्रीमंत्र व जातवेदसे मंत्र – १लाख जप हवन मार्जन सहित

चरण ४ – शिवपूजन, षडाक्षरिमंत्र १लाख जप हवन मार्जन सहित, दुर्गा सप्तशती १मास श्रवण

उपासना का विशेष फल – यह नक्षत्र की उपासना करनेवाला व्यक्ति हर प्रकार के सुख की प्राप्ति एवं मन की इच्छा पूर्ति करता है ।

M 6
Lesath
Shaula
Kappa Scorpii
Sargas
M 7
NGC 6553
Kaus Media
Kaus Borealis
Kaus Australis
Nunki
SAGITTARIUS
Ascella
CORONA
AUSTRALIS

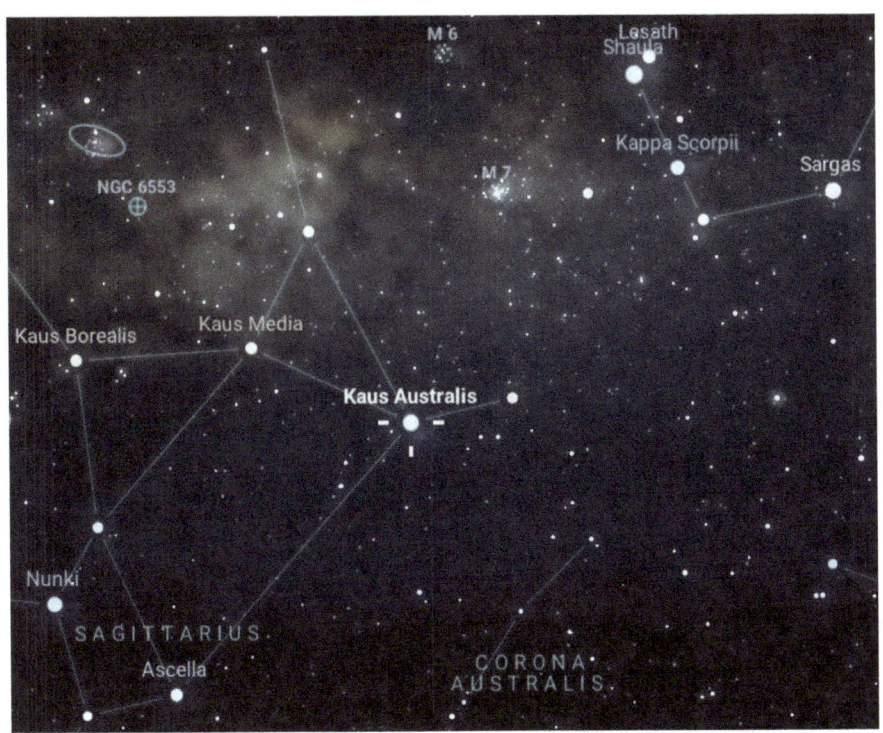

21 उत्तरा आषाढा Uttara Ashadha - Nunki

आराध्य देव वृक्ष – **फणस, कटहल** jackfruit – artocarpus heterophyllus

नक्षत्र देवता - **विश्वदेव**

नक्षत्र स्वामी ग्रह - **रवि** (sun)

नक्षत्र राशि – **धनु , मकर**

नक्षत्र प्राणि - **नेवला - नकुल** (mongoose)

नक्षत्र तत्व - **पृथ्वी**

नक्षत्र स्वभाव – **स्थिर , ध्रुव**

दान - **भोजन** (food)

नक्षत्र देवता मंत्र - ॐ विश्वेभ्यो देवेभ्यो नमः ।

बीज मंत्र - ॐ ह्रीँ श्रीँ विश्वदेवाय पृथ्वीतत्वाय नमो नमः ।

वेद मंत्र - ॐ विश्वेऽअद्य मरुतो विश्वऽऊती विश्वे भवन्त्यग्नयः समिद्धाः विश्वे नो देवाऽअवसागमन्तु विश्वमस्तु द्रविणं वाजोऽअस्मे । जप संख्या 10000 times
(Yajurveda 18.31)

पौराणिक मंत्र -

विश्वादेवान् अहं वंदेऽषाढनक्षत्रदेवताम् ।
श्रीपुष्टिकीर्तीधीदात्री सर्वपापानुमुक्तये ॥

अनुवाद – श्रीपुष्टि, कीर्ति, धी(बुद्धि) देनेवाले तथा तमाम पापों से मुक्त करनेवाले आषाढ देवता विश्वदेव को मेरा नमन ।

नक्षत्र नाम मंत्र - ॐ उत्तराषाढाभ्यां नमः ।

नक्षत्र देवता के उपचार - श्वेतवस्त्र, पञ्चवर्णपुष्प, उशीरधूप, गंध, पञ्चजक्ष नैवेद्य ।

उपासना - चरण १ – गायत्रीमंत्र ५लाख जप हवन मार्जन सहित
चरण २ - गायत्रीमंत्र ५लाख जप हवन मार्जन सहित तथा गणेश पूजन
चरण ३ – गायत्रीमंत्र तथा जातवेदसेमंत्र २लाख जप हवन मार्जन सहित
चरण ४ - गायत्रीमंत्र १लाख जप हवन मार्जन सहित तथा कद्दू (pumpkin) का दान

उपासना का विशेष फल - यह नक्षत्र की उपासना करनेवाला व्यक्ति कृति प्राप्ति एवं पर्जन्य (वर्षा) की प्राप्ति करता है ।

M 6
Lesath
Shaula
Kappa Scorpii
NGC 6553
M 7
Sargas
Kaus Borealis
Kaus Media
Kaus Australis
Nunki
SAGITTARIUS
Ascella
CORONA AUSTRALIS

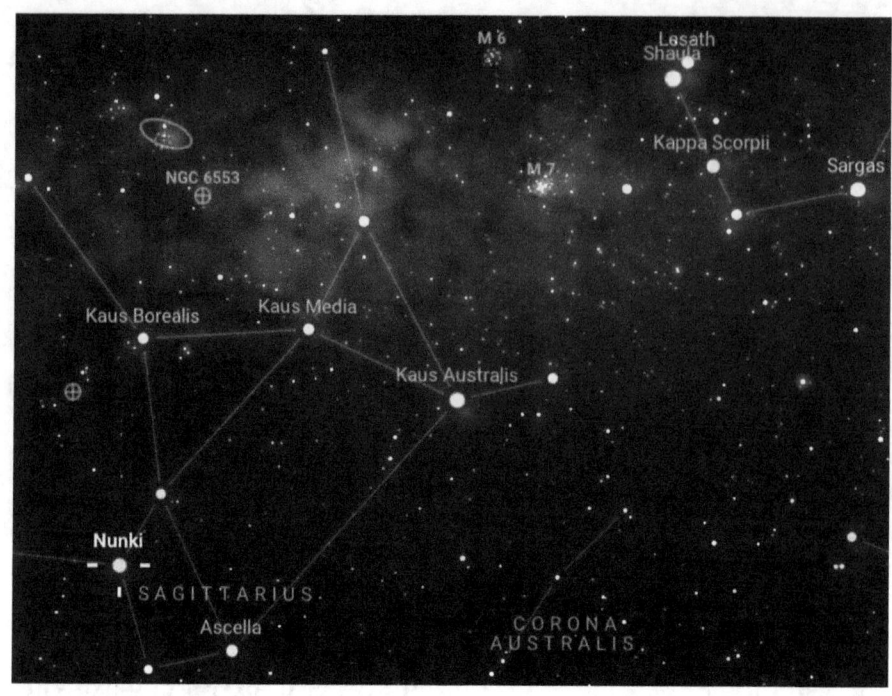

22 श्रवण Shravan - Altair

आराध्य देव वृक्ष – रुइ , अर्क

milk weed – calotropis gigantea

नक्षत्र देवता - विष्णु

नक्षत्र स्वामी ग्रह - चंद्र (moon)

नक्षत्र राशि - मकर

नक्षत्र प्राणि - वानर (monkey)

नक्षत्र तत्व - पृथ्वी

नक्षत्र स्वभाव - चर

दान - श्रीफल (coconut)

नक्षत्र देवता मंत्र - ॐ महाविष्णवे नमः ।

बीजमंत्र-ॐ ह्रीँ श्रीँ विष्णुदेवाय पृथ्वीतत्वाय नमो नमः।

वेद मंत्र - ॐ विष्णो रराटमसि विष्णोः श्नप्त्रेस्थो विष्णोः स्यूरसि विष्णोर्ध्रुवोसि । वैष्णवमसि विष्णवे त्वा ॥ जप संख्या 10000 times (Yajurveda 5.21)

पौराणिक मंत्र -

शांताकारं चतुर्हस्तं श्रोणा नक्षत्रवल्लभम् ।

विष्णु कमलपत्राक्षं ध्यायेद् गरुडवाहनम् ॥

अनुवाद – अत्यंत शान्त एसे, चतुर्हस्त, कमलपत्र जैसे नयन वाले श्रवण

नक्षत्र के अधिपति गरुडवाहन वाले विष्णुदेवता का मैं ध्यान करता हूं ।

नक्षत्र नाम मंत्र - **ॐ श्रवणाय नमः ।**

नक्षत्र देवता के उपचार - **कृष्णवस्त्र, कस्तुरीगंध, दशांगधूप, चंदनगंध, कर्पूर, कंकुम, तुलसी, क्षीरोदन नैवेद्य ।**

उपासना - चरण १ – गायत्रीमंत्र १लाख जप तथा गौदान

चरण २ - गायत्रीमंत्र १लाख जप हवन मार्जन सहित

चरण ३ - गायत्रीमंत्र १०००० जप, शिवषडाक्षरमंत्र १लाख जप

चरण ४ - गायत्रीमंत्र तथा विष्णुमंत्र प्रत्येक के १लाख जप हवन मार्जन सहित

उपासना का विशेष फल - यह नक्षत्र की उपासना करनेवाला व्यक्ति अपकीर्ति का नाश एवं पुण्यकीर्ति की वृद्धि करता है ।

Tarazed
Altair
AQUILA

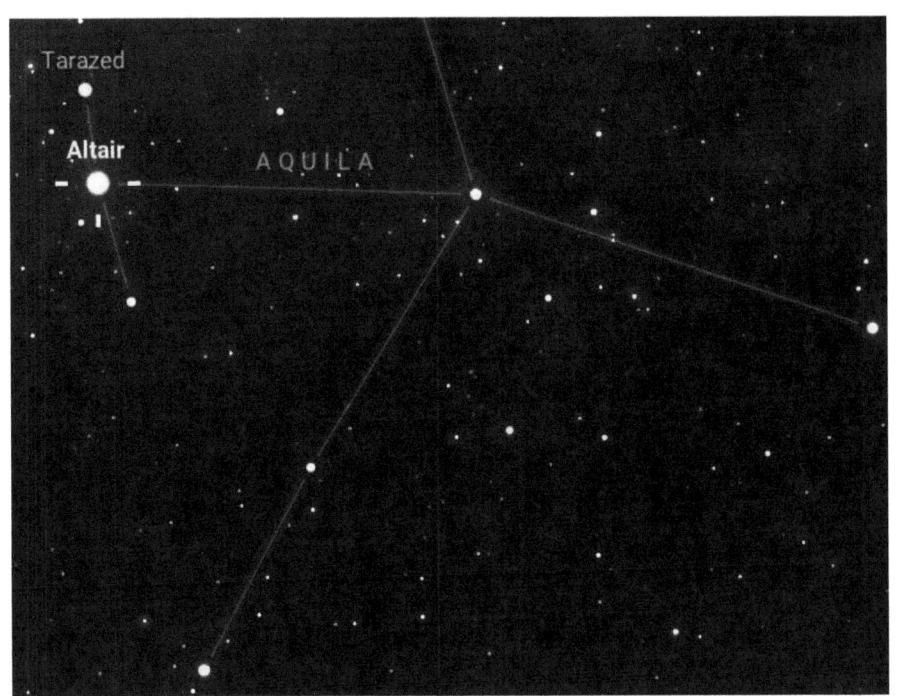

23 धनिष्ठा Dhanishtha – β Delphini = rotanev

आराध्य देव वृक्ष – शमी, खिजडो persian mesquite – prosopis cineraria

नक्षत्र देवता - वसु

नक्षत्र स्वामी ग्रह - मंगल (mars)

नक्षत्र राशि – मकर, कुंभ

नक्षत्र प्राणि - सिंह (lion)

नक्षत्र तत्व - पृथ्वी

नक्षत्र स्वभाव – साधारण शुभ, चर

दान – अश्व या बकरा (horse or he-goat)

नक्षत्र देवता मंत्र - ॐ वसुभ्यो नमः ।

बीज मंत्र -ॐ ह्रीँ श्रीँ पवित्राय पृथ्वीतत्वाय नमो नमः।

वेद मंत्र - ॐ वसोः पवित्रमसि शतधारं वसोः पवित्रमसि सहस्त्रधारम् । देवस्त्वा सविता पुनातु वसोः पवित्रेण शतधारेण सुप्वा कामधुक्षः ॥ जप संख्या 10000 times

(Yajurveda 1.3)

पौराणिक मंत्र - श्राविष्ठादेवतां वंदे वसुन्वरधराश्रिताम् । शंखचक्रांकितरां किरीटांकितमस्तकाम् ॥

अनुवाद – शंख, चक्र, मुकुट धारण करनेवाले वरदायी एसे धनिष्ठा नक्षत्र

के वसुदेवता को मेरा प्रणाम ।

नक्षत्र नाम मंत्र - ॐ धनिष्ठायै नमः ।

नक्षत्र देवता के उपचार - श्वेतवस्त्र, श्वेतपत्र, शतपत्र पुष्प, गूगलधूप, चंदनगंध, पायस नैवेद्य ।

उपासना - चरण १ – गायत्रीमंत्र, मृत्युंजयमंत्र, द्यौः शान्तिमंत्र प्रत्येक का १लाख जप हवन मार्जन सहित

चरण २ - गायत्रीमंत्र, जातवेदसेमंत्र, प्रत्येक का १लाख जप हवन मार्जन सहित

चरण ३ - गायत्रीमंत्र १लाख जप

चरण ४ - गायत्रीमंत्र, सूर्यनारायण मंत्र प्रत्येक का १लाख जप हवन मार्जन सहित

उपासना का विशेष फल - यह नक्षत्र की उपासना करनेवाला व्यक्ति अविनाशि सुख एवं उच्चपद की प्राप्ति करता है ।

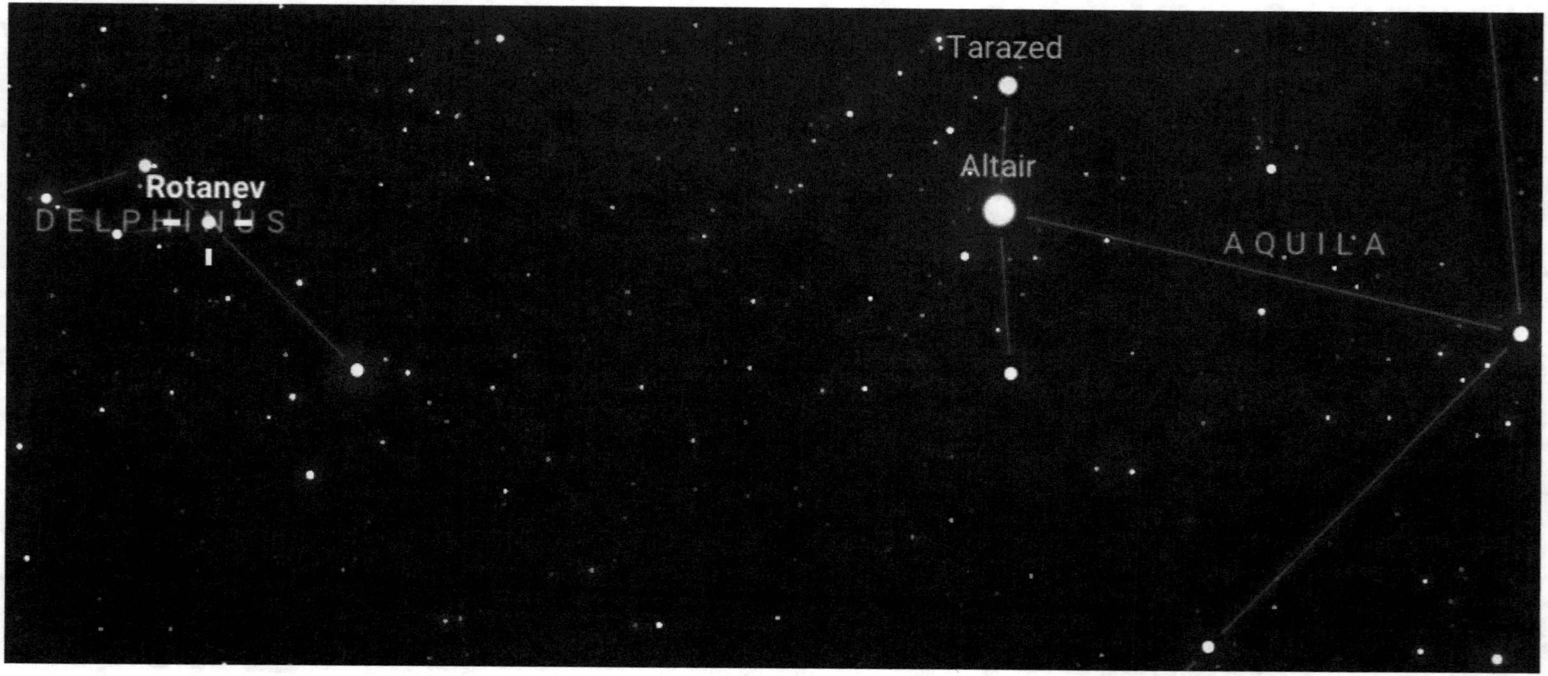
Tarazed
Altair
AQUILA
Rotanev
DELPHINUS

24 शतभिषा(शततारका)Shatabhisha-Sadamelik

आराध्य देव वृक्ष – कदंब, bur flower – neolamarckia cadamba

नक्षत्र देवता – वरुण (इन्द्रदेव)

नक्षत्र स्वामी ग्रह - राहु (rahu)

नक्षत्र राशि - कुंभ

नक्षत्र प्राणि – अश्व - घोडा (horse)

नक्षत्र तत्व - जल

नक्षत्र स्वभाव - चर

दान - भोजन तथा गुड (food, jaggery)

नक्षत्र देवता मंत्र - ॐ वरुणाय नमः ।

बीज मंत्र -ॐ ह्रीं श्रीं वरुणोत्तमाय/वरुसर्वोत्तमाय पृथ्वीतत्वाय नमो नमः।

वेद मंत्र - ॐ वरुणस्योत्तम्भनमसि वरुणस्य स्कम्भसर्जनिस्थो वरुणस्यऽऋतसदन्यसि वरुणस्यऽऋत सदनमसि वरुणस्यऽ ऋतसदनमासीद॥ जप संख्या 10000 times (Yajurveda 4.36)

पौराणिक मंत्र -

वरुणं सततं वंदे सुधाकलश धारीणम् ।

पाशहस्तं शतभिशग् देवतां देववंदीतम् ॥

अनुवाद – सुधाकलश धारण करनेवाले, हाथ मे पाश धारण करनेवाले, देवोंके लिये वंदनीय, एसे शततारक नक्षत्र के वरुण देव को मैं वंदन करता हूं ।

नक्षत्र नाम मंत्र - ॐ शतभिषजे नमः ।

नक्षत्र देवता के उपचार - श्वेतवस्त्र, जलजपुष्प, कर्पूरधूप, मलयजगंध, घृतान्न नैवेद्य ।

उपासना - चरण १ – आकृष्णेनमंत्र १लाख जप हवन मार्जन सहित

चरण २ - गायत्रीमंत्र तथा जातवेदसेमंत्र प्रत्येक के १लाख जप हवन मार्जन सहित, ब्राह्मण भोजन

चरण ३ – विष्णुरराटमंत्र १लाख जप हवन मार्जन सहित, ब्राह्मण भोजन

चरण ४ – दुर्गा सप्तशती, शिवपूजन तथा आकृष्णेनमंत्र १लाख जप हवन मार्जन सहित

उपासना का विशेष फल - यह नक्षत्र की उपासना करनेवाला व्यक्ति आरोग्य एवं आयुष्य की प्राप्ति करता है ।

Sadalmelik
β
AQUARIUS

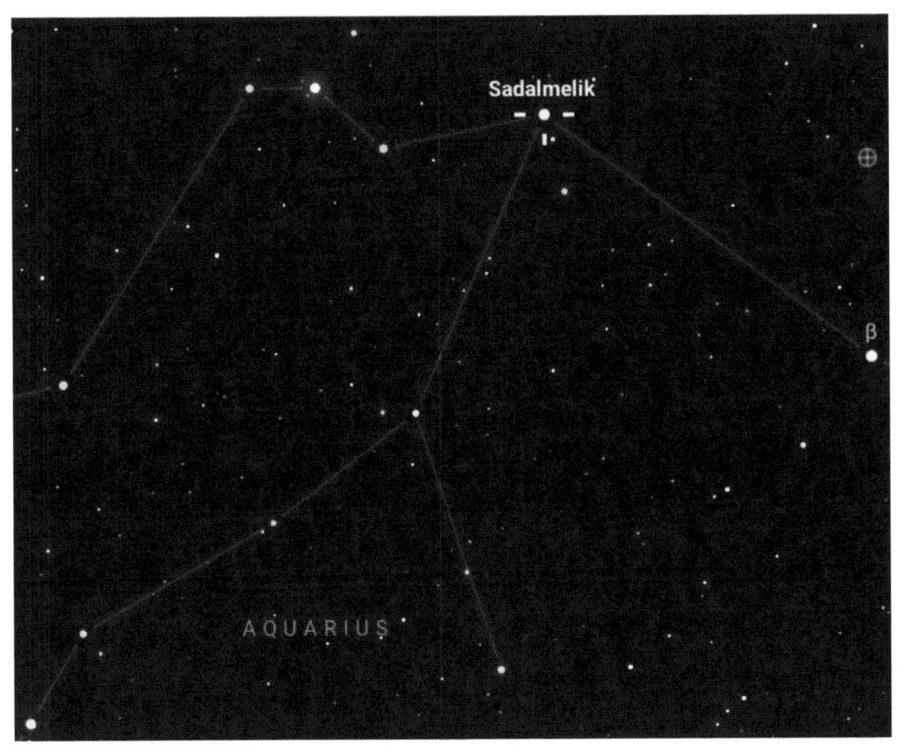

25 पूर्वा भाद्रपदा Purva Bhadrapada - Scheat

आराध्य देव वृक्ष – आम, mango – mangifera indica

नक्षत्र देवता – अजैक चरण

नक्षत्र स्वामी ग्रह - गुरु (jupiter)

नक्षत्र राशि – कुंभ , मीन

नक्षत्र प्राणि - सिंह (lion)

नक्षत्र तत्व - अग्नि

नक्षत्र स्वभाव - उग्र

दान - भोजन (food)

नक्षत्र देवता मंत्र - ॐ अजैकपदे नमः ।

बीज मंत्र - ॐ ह्रीँ श्रीँ अजैकचरणाय जलतत्वाय नमो नमः ।

वेद मंत्र - ॐ उत नोऽहिर्बुध्न्यः श्रृणोत्वजऽएकपात् पृथिवी समुद्रः । विश्वे देवाऽऋतावृधो हुवानाः स्तुता मन्त्राः कविशस्ताऽअवन्तु ॥ जप संख्या 10000 times (Yajurveda 34.53)

पौराणिक मंत्र -

शिरसाऽहमजं वंदे ध्येकपादं तमोपहम् ।
मुदे प्रोष्ठपदेवानं सर्वदेवनमस्कृतम् ॥

अनुवाद – तमस का नाश करनेवाले, पुर्वाभाद्रपदके देवता, सर्वदेव जिनको नमस्कार करते हैं, एसे अजैकपाद देवता को मैं वंदन करता हूं ।

नक्षत्र नाम मंत्र - ॐ पूर्वाप्रोष्ठपद्भ्यां नमः ।

नक्षत्र देवता के उपचार - रक्तवस्त्र, अर्कपुष्प, दशौषधी धूप, कुंकुमगंध, धृत, गूगलधूप, दही-भात, गुड का नैवेद्य ।

उपासना - चरण १ - जातवेदसेमंत्र तथा मृत्युंजयमंत्र प्रत्येक के १लाख जप हवन मार्जन सहित, भानुसप्तमी व्रत

चरण २ – गायत्रीमंत्र, महामृत्युंजयमंत्र तथा श्रीश्वतेमंत्र प्रत्येक के १लाख जप हवन मार्जन सहित

चरण ३ – गोपालमंत्र १लाख जप

चरण ४ – शिवपूजन अर्चन

उपासना का विशेष फल - यह नक्षत्र की उपासना करनेवाला व्यक्ति अज और एकपाद जैसे सुर्य का तेजस की प्राप्ति एवं ब्रह्मवर्चस्व की प्राप्ति करता है ।

Alpheratz
Scheat
PEGASUS
Markab

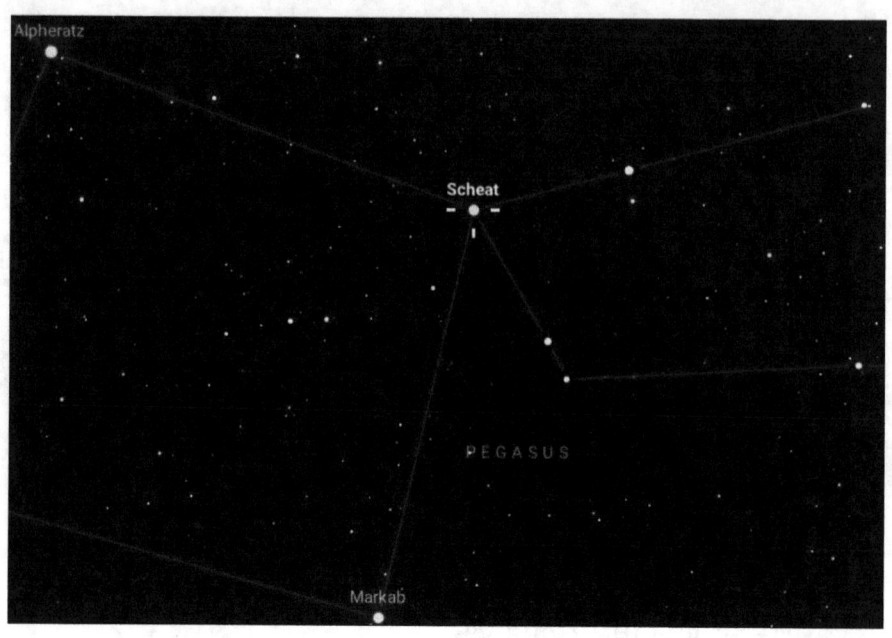

26 उत्तरा भाद्रपदा Uttar Bhadrapada - Algenib

आराध्य देव वृक्ष – नीम, margosa – azadirachta indica

नक्षत्र देवता - अहिर्बुंधन्य

नक्षत्र स्वामी ग्रह - शनि (saturn)

नक्षत्र राशि - मीन

नक्षत्र प्राणि - गाय (cow)

नक्षत्र तत्व - जल

नक्षत्र स्वभाव - ध्रुव

दान - अन्न (grain)

नक्षत्र देवता मंत्र - ॐ अहिर्बुंधन्याय नमः ।

बीज मंत्र -ॐ ह्रीँ श्रीँ अहिर्बुंधन्याय वायुतत्वाय नमो नमः।

वेद मंत्र - ॐ शिवो नामासि स्वधितिस्ते पिता नमस्तेऽअस्तु मा मा हिꣳ सीः । निवर्त्तयाम्यायुषेऽन्नाद्याय प्रजननाय रायस्पोषाय सुप्रजास्त्वाय सुवीर्याय ॥ जप संख्या 10000 times (Yajurveda 3.63)

पौराणिक मंत्र -

अहिर्मे बुध्नियो भूयात् मुदे प्रोष्ठ पदेश्वरः ।

शंखचक्रांकीतकरः किरीटोज्वलमौलिमान् ॥

अनुवाद – हाथ मे शंख, चक्र धारण करनेवाले, मूल्यवान उज्जवल किरीटधारी एसे प्रोष्ठपद (भाद्रपद) के अहिर्बुध्न्यदेवता हम पर प्रसन्न हों ।

नक्षत्र नाम मंत्र - ॐ उत्तरप्रोष्ठपदभ्यां नमः ।

नक्षत्र देवता के उपचार - श्वेतवस्त्र, शतपत्रपुष्प, गूगलधूप, अगरुगंध, गुड का नैवेद्य ।

उपासना - चरण १ – शिवपूजनमंत्र "देवदेव महादेव भुवनानां च पालक । मम पूर्व कृतं पापं तत् क्षमस्व दयानिधे ।" तथा षडाक्षरमंत्र का १लाख जप हवन मार्जन सहित

चरण २ – गायत्रीमंत्र १लाख जप हवन मार्जन सहित, जल का परब बनाना

चरण ३ – शिव का वैदिकमंत्र तथा षडाक्षरमंत्र का १लाख जप हवन मार्जन सहित

चरण ४ – गायत्रीमंत्र ५लाख जप हवन मार्जन सहित तथा माघ मास मे प्रयागराज तीर्थ स्नान ।

उपासना का विशेष फल - यह नक्षत्र की उपासना करनेवाला व्यक्ति सर्वत्र प्रतिष्ठा एवं भूमि की प्राप्ति करता है ।

Scheat
PEGASUS
Markab
Alpheratz
Algenib
PISCES

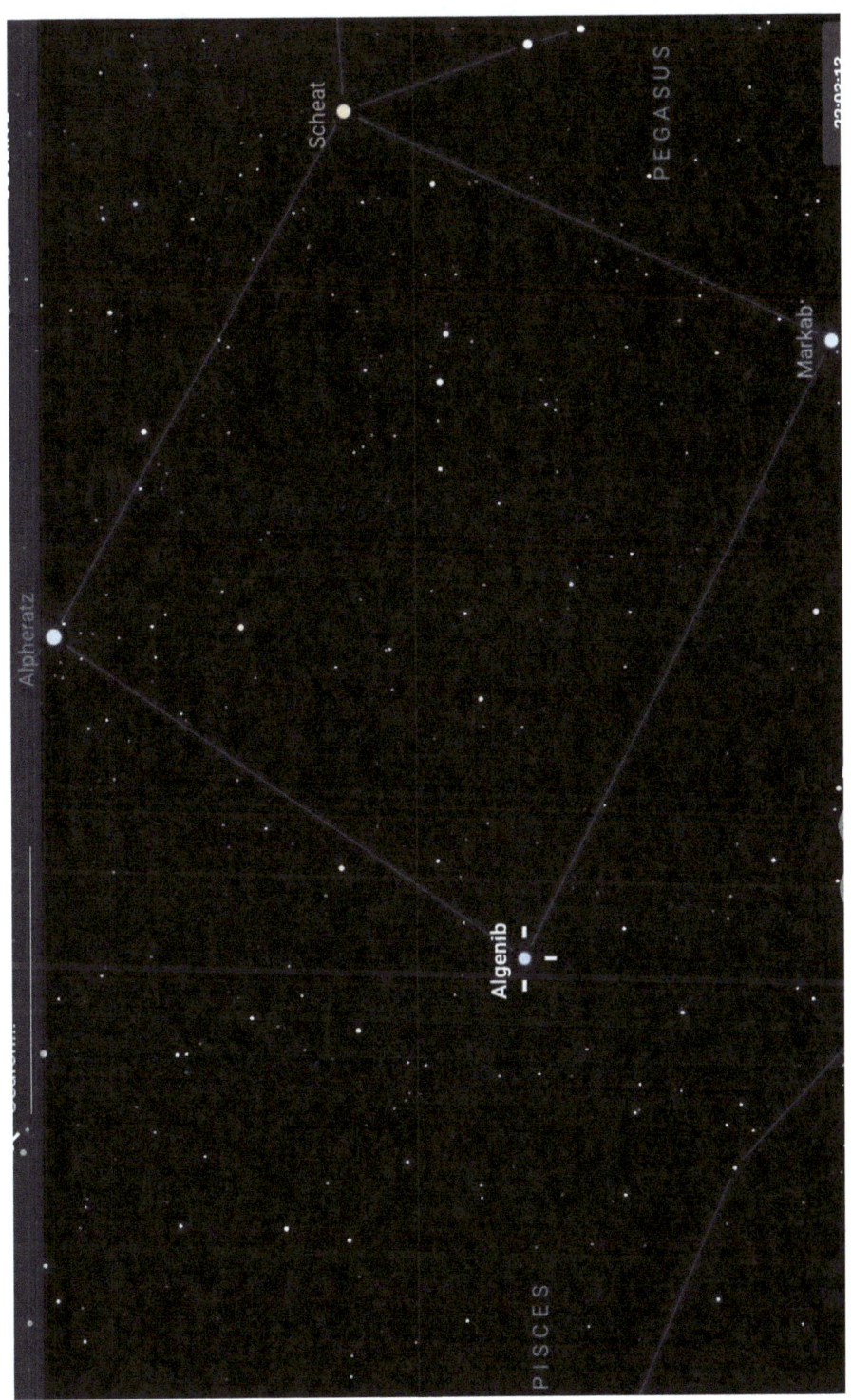

27 रेवती Revati – Zeta Piscium

आराध्य देव वृक्ष – मोहा, महुआ, indian butter tree – madhuca longifolia

नक्षत्र देवता - पूषा

नक्षत्र स्वामी ग्रह - बुध (mercury)

नक्षत्र राशि - मीन

नक्षत्र प्राणि – हत्ती - गज – हाथी (elephant)

नक्षत्र तत्व - जल

नक्षत्र स्वभाव - मृदु

दान - ज्ञानदान (education)

नक्षत्र देवता मंत्र - ॐ पूष्णे नमः ।

बीजमंत्र-ॐ ह्रीँ श्रीँ पूषंतर्बवाय अग्नितत्वाय नमो नमः।

वेद मंत्र - ॐ पूषन्तव व्रते वयं न रिष्येम कदा चन ।

स्तोतारस्तऽइह स्मसि॥ जप संख्या 7000 times (Yajurveda 34.41)

पौराणिक मंत्र -

पूषणं सततं वंदे रेवतीशं समृद्धये ।

वराभयोज्वलकरं रत्नसिंहासने स्थितम् ॥

अनुवाद – रक्तसिंहासन पर आरूढ होनेवाले, वरदान देनेवाले, समृद्ध

एसे रेवती नक्षत्र के पूषण देवता को मै नमस्का करता हूं ।

नक्षत्र नाम मंत्र - ॐ रेवत्यै नमः ।

नक्षत्र देवता के उपचार - पद्मरागवस्त्र, मंदारपुष्प, गूगलधूप, रक्तचंदनगंध, तिलोदननैवेद्य ।

उपासना - चरण १ – गायत्रीमंत्र, जातवेद्सेमंत्र तथा षडाक्षरमंत्र १लाख जप हवन मार्जन सहित

चरण २ - गायत्रीमंत्र २लाख जप हवन मार्जन सहित

चरण ३ - गायत्रीमंत्र, जातवेद्सेमंत्र तथा महामृत्युंजयमंत्र १लाख जप हवन मार्जन सहित

चरण ४ - गायत्रीमंत्र ५लाख जप हवन मार्जन सहित, गौदान

उपासना का विशेष फल - यह नक्षत्र की उपासना करनेवाला व्यक्ति अन्न एवं पशु समृद्धि की प्राप्ति करता है ।

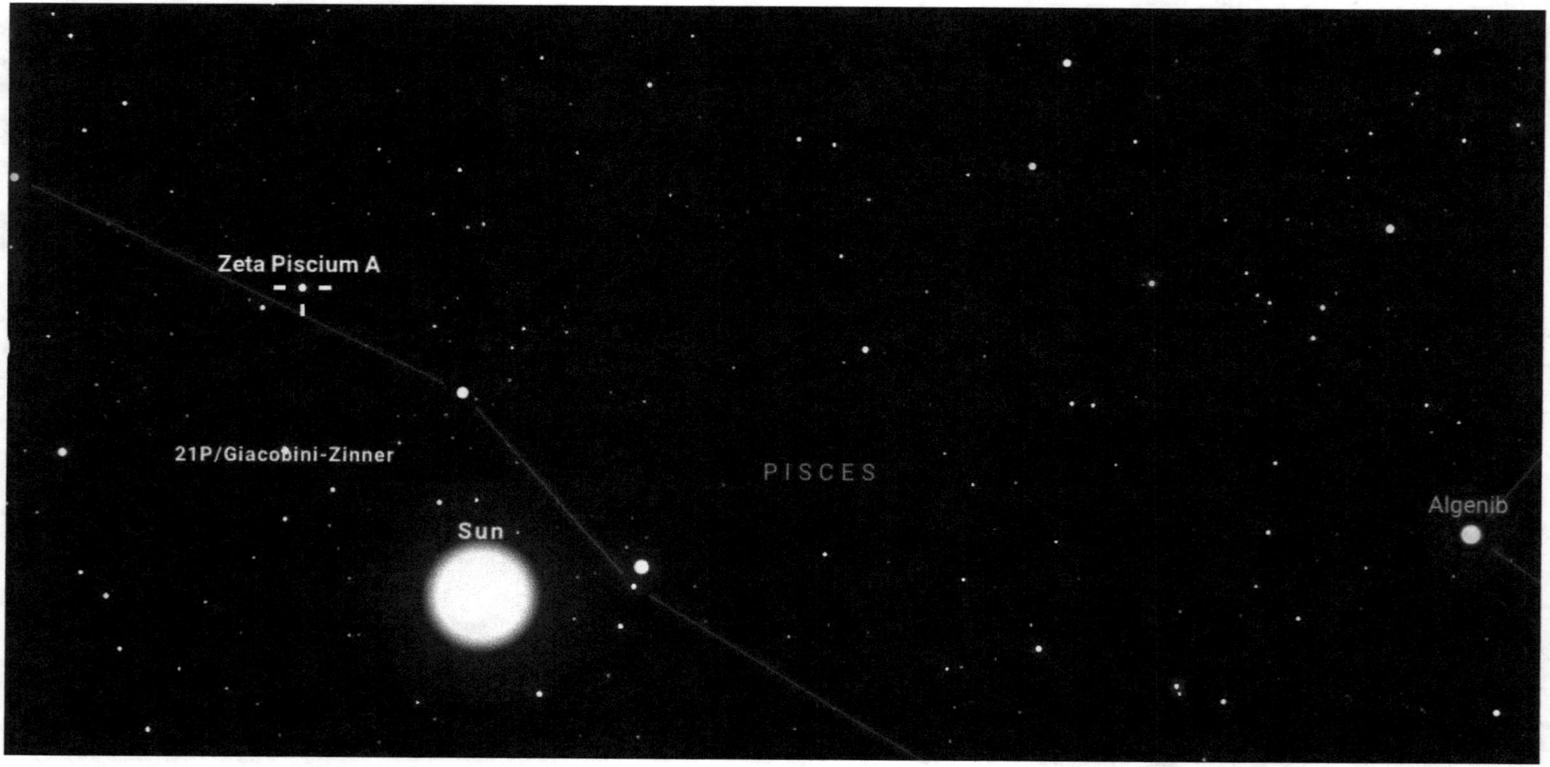

Zeta Piscium A
21P/Giacobini-Zinner
Sun
PISCES
Algenib

नक्षत्र गुण परिशिष्ठ Nakshatra Attributes Summary

क्रम	नक्षत्र	गोत्र	गण	नाडी	योनि	मुख	दृष्टि	संज्ञा
1	अश्विनी	मरीचि	देव	आद्य	अश्व	तिर्यक	मंद	क्षिप्र
2	भरणी	मरीचि	मनुष्य	मध्य	गज	अधो	चिबिट	उग्र
3	कृत्तिका	मरीचि	राक्षस	अन्त्य	मेष	अधो	सुलोचन	मिश्र
4	रोहिणी	मरीचि	मनुष्य	अन्त्य	सर्प	उर्ध्व	अन्ध	ध्रुव
5	मृगशिरा	वसिष्ठ	देव	मध्य	सर्प	तिर्यक	मंद	मृदु
6	आर्द्रा	वसिष्ठ	मनुष्य	आद्य	श्वान	उर्ध्व	चिबिट	तीक्ष्ण
7	पुनर्वसु	वसिष्ठ	देव	आद्य	मार्जार	तिर्यक	सुलोचन	चर
8	पुष्य	वसिष्ठ	देव	मध्य	मेष	उर्ध्व	अन्ध	लघु
9	आश्लेशा	अङ्गीरा	राक्षस	अन्त्य	मार्जार	अधो	मंद	तीक्ष्ण
10	मघा	अङ्गीरा	राक्षस	अन्त्य	मूषक	अधो	चिबिट	उग्र
11	पूर्वा फा॰	अङ्गीरा	मनुष्य	मध्य	मूषक	अधो	सुलोचन	उग्र
12	उ॰ फा॰	अङ्गीरा	मनुष्य	आद्य	गौ	उर्ध्व	अन्ध	ध्रुव
13	हस्त	अत्रि	देव	आद्य	महिष	तिर्यक	मंद	लघु
14	चित्रा	अत्रि	राक्षस	मध्य	व्याघ्र	तिर्यक	चिबिट	मृदु
15	स्वाति	अत्रि	देव	अन्त्य	महिष	तिर्यक	सुलोचन	चर
16	विशाखा	अत्रि	राक्षस	अन्त्य	व्याघ्र	अधो	अन्ध	मिश्र
17	अनुराधा	पुलस्त्य	देव	मध्य	मृग	तिर्यक	मंद	मृदु
18	ज्येष्ठा	पुलस्त्य	राक्षस	आद्य	मृग	तिर्यक	चिबिट	तीक्ष्ण
19	मूल	पुलस्त्य	राक्षस	आद्य	श्वान	अधो	सुलोचन	तीक्ष्ण
20	पूर्वाषाढा	पुलस्त्य	मनुष्य	मध्य	वानर	अधो	अन्ध	उग्र
21	उत्तराषाढा	पुलह	मनुष्य	अन्त्य	नकुल	उर्ध्व	मंद	ध्रुव
22	श्रवण	पुलह	देव	अन्त्य	वानर	उर्ध्व	सुलोचन	चर
23	धनिष्ठा	पुलह	राक्षस	मध्य	सिंह	उर्ध्व	अन्ध	चर
24	शतभिषा	पुलह	राक्षस	आद्य	अश्व	उर्ध्व	मंद	चर
25	पूर्वा भा॰	कृतु	मनुष्य	आद्य	सिंह	अधो	चिबिट	उग्र
26	उत्तरा भा॰	कृतु	मनुष्य	मध्य	गौ	उर्ध्व	सुलोचन	ध्रुव
27	रेवती	कृतु	देव	अन्त्य	गज	तिर्यक	अन्ध	मृदु

Summary of Nakshatra Attributes contd.

दिशा	गुण	आकृति	जाति	लिङ्ग	सं०	स्थान
उत्तर	तमस	अश्वमुख	वैश्य	पुल्लिंग	३	उत्तर
उत्तर	रजस	योनि(भग)	चाण्डाल	स्त्री	३	उत्तर
उत्तरपूर्व (ईशान)	सत्त्व	छूरा	विप्र	स्त्री	६	उत्तर
उत्तरपूर्व (ईशान)	सत्त्व	शकट(रथ)	शूद्र	स्त्री	५	दक्षिण
उत्तरपूर्व (ईशान)	तमस	मृग-सिर	शिल्पी	नपुं०	३	दक्षिण
पूर्वार्धउत्तरपूर्व (ईशान)	तमस	मणि	कसाई	स्त्री	१	दक्षिण
पूर्व	सत्त्व	गृह	वैश्य	पुल्लिंग	४	उत्तर
पूर्व	तमस	तीर(शर)	क्षत्रिय	पुल्लिंग	३	उत्तर
पूर्व	रजस	चक्र	चाण्डाल	स्त्री	५	दक्षिण
दक्षिणपूर्व (आग्नेय)	तमस	गृह	शूद्र	स्त्री	५	उत्तर
दक्षिणपूर्व (आग्नेय)	रजस	मंच	विप्र	स्त्री	२	उत्तर
दक्षिण (आग्नेय)	सत्त्व	शय्या	क्षत्रिय	स्त्री	२	उत्तर
पूर्वार्धदक्षिण (आग्नेय)	सत्त्व	हाथ	वैश्य	पुल्लिंग	५	दक्षिण
दक्षिण	तमस	मुक्ता	शिल्पी	स्त्री	१	दक्षिण
दक्षिण	तमस	प्रवाल(मूंगा)	कसाई	स्त्री	१	उत्तर
दक्षिण	सत्त्व	तोरण	चाण्डाल	स्त्री	४	दक्षिण
दक्षिणपश्चिम (नैऋत्य)	तमस	भात-पिण्ड	शूद्र	पुल्लिंग	४	दक्षिण
दक्षिणपश्चिम (नैऋत्य)	रजस	कुण्डल	शिल्पी	स्त्री	३	दक्षिण
दक्षिणपश्चिम (नैऋत्य)	तमस	सिंहपुच्छ	कसाई	नपुं०	११	दक्षिण
उत्तरार्धपश्चिम	रजस	गजदन्त	विप्र	स्त्री	२	दक्षिण
पश्चिम	सत्त्व	मंच	क्षत्रिय	स्त्री	२	दक्षिण
पश्चिम	सत्त्व	त्रिचरण	चाण्डाल	पुल्लिंग	३	उत्तर
उत्तरपश्चिम (वायव्य)	तमस	मृदङ्ग	शिल्पी	स्त्री	४	उत्तर
उत्तरपश्चिम (वायव्य)	तमस	वृत्त	कसाई	नपुं०	१००	दक्षिण
उत्तरपश्चिम (वायव्य)	सत्त्व	मंच	विप्र	पुल्लिंग	२	उत्तर
उत्तर	तमस	यमल	क्षत्रिय	पुल्लिंग	२	उत्तर
उत्तर	रजस	मृदङ्ग	शूद्र	स्त्री	३२	उत्तर

नक्षत्र पर्यायवाची नाम Synonyms

क्र०	नक्षत्र	संस्कृत	फ़ारसी	English	Birth Star Greek	तारा सं०
1	अश्विनी	तुरंग, दस्त्र, हय	शरनी	Sheratan binary, Hamal	β and α Ariet is	3
2	भरणी	यम, कृतांत, याम्यम्	वर्तीन		35, 39, 41 Arietis	3
3	कृत्तिका	हुताशन, अग्नि, बहुला	सुरैया	Pleiades	Tauri	6
4	रोहिणी	विधि, विरंचि, शंकर	दवरा		Aldebaran	5
5	मृगशिरा	सौम्य, चंद्र, अग्रहायणी, उडुप	हकुआ		λ, φ Orionis	3
6	आर्द्रा	तारका, रौद्र	हनझा		Betelgeuse	1
7	पुनर्वसु	आदित्यम् , अदिति, सुरजननी, देवमाता	झिरा		Castor, Pollu x	4
8	पुष्य	तिष्य, अमारेज्य	नसरा		γ, δ and θ C ancri	3
9	आश्लेशा	अहि, भुजंग, सार्पी,श्लेषा	तुर्फ़ा		δ, ε, η, ρ, and σ Hydra e	5
10	मघा	पितृ , जनक	जवहा		Regulus	5
11	पूर्वा फा०	फाल्गुनी, भाग्य	झाहेरा		δ and θ Leon is	2
12	उ० फा०	अर्यमा, उत्तर, भग	सफा		Denebola	2
13	हस्त	भानु , अरुण, अर्क	अवा		α, β, γ, δ and ε Corvi	5
14	चित्रा	त्वष्टा, सरवर्द्धक, सुरवर्धकि	ससाक		Spica	1
15	स्वाति	मरुत, वात, समीर, समीरण, वायु	गफरा		Arcturus	1
16	विशाखा	द्विदैवत, द्विदेवतम् , इंद्राग्निकम् , शूर्पक	झवा		α, β, γ and ι Librae	4
17	अनुराधा	मैत्र	अकली		β, δ and π S corpionis	4
18	ज्येष्ठा	कुलिश तारा, शतमख, सुरपति, सुरस्वामी, वासवः	कल्ब		α, σ, and τ Scorpi onis	3

19	मूल	असुर, क्रतुभुज, क्रतभुक्	सोला		ε, ζ, η, θ, ι, κ, λ, μ and ν Scorpionis	11
20	पूर्वाषाढा	पयः, सलिल, जल, तोयम्	नआ		δ and ε Sagit tarii	2
21	उत्तराषाढा	विश्वम्	वलदा		ζ and σ Sagit tarii	2
22	श्रवण	श्रोणा, विष्णु , हरि, श्रुति	वला		α, β and γ A quilae	3
23	धनिष्ठा	श्रविष्ठा, वसु	सोऊद्		α, β, γ and δ Delphini	4
24	शतभिषा	प्रचेतः, शततारका, वरुण, भम्	अखवा		Sadachbia	100
25	पूर्वा भा॰	अजैकपाद, अजपात, पूर्व प्रोष्ठपद्	मुकइ		α and β Peg asi	2
26	उत्तरा भा॰	अहिर्बुध्न्य, उत्तरा प्रोष्ठपद्	मुअख		γ Pegasi and α Andromed ae	2
27	रेवती	पूषा, पौष्णम्	रिशा		ζ Piscium	32

नक्षत्र आराध्य देव वृक्ष Nakshatra Tree Names

क्र॰	नक्षत्र	हिंदी	संस्कृत	गुजराती	English common name	Botanical name
1	अश्विनी	जहर कुचला	विषतिंदुक, कपीलु	ઝેર	poison nut, Nux vomica	strychnos nux-vomica
2	भरणी	आंवला	आमलक, आमलकी, धात्री, अमृतफल		Indian goose berry	phyllanthus emblica, (embelica officinalis)
3	कृत्तिका	गूलर	उम्बर, उदुम्बर, जन्तुफल, हेमदुग्धक्		cluster fig	ficus racemosa
4	रोहिणी	जामुन, जंबूक	नन्दा, फलेन्द्र, जम्बु, सुरभिपत्रा		black plum	syzygium cuminii, (Eugenia Malaccensis)
5	मृगशिरा	खेर , खदिर	रक्तसार, गायत्री, दन्तधावन, कण्टकी		Cutch, catechu tree	senegalia catechu, (senegalia Polycantha)
6	आर्द्रा	कृष्णगरु	अगर		red sandalwood	pterocarpus santalinus
7	पुनर्वसु	बांस	शतपर्वा, वंश, वेनु , मस्करि, तेजन		Thorny bamboo	bambusa vulgaris, (bambusa arundinacea)
8	पुष्य	पीपल	अश्वत्थ, बोधिवृक्ष, चलपत्र, गजाशन		sacred fig	ficus religiora
9	आश्लेशा	नागचम्पा	नागचम्पक, नागपुष्प, नागकेसर,		bridal bouquet	plumeria pudica

			नागवृक्ष			
10	मघा	बरगद , बड़	वट, रक्तफल, श्रृङ्गी, न्यग्रोध, ध्रुव		banyan	ficus benghalensis linn
11	पूर्वा फा०	पलाश	ढाक, पर्ण, क्षारश्रेष्ठ, ब्रह्मवृक्ष		flame of the forest,Bastarl Peak	butea monosperma, (butea frondosa)
12	उ० फा०	पायरी	पाकड, प्लक्ष, पर्करी		java fig	ficus lacor
13	हस्त	जूही	चमेली, गणिका, वूविका		Peart jasmine	jasminum auriculatum
14	चित्रा	बेल	बिल्वा, श्रीवृक्ष, शाण्डिल्य, महाकपित्य		Bael, Bengal quince, wood apple	aegle marmelos
15	स्वाति	अर्जुन	कपुभ, पार्थ, धवलवृक्ष, इन्द्रवृक्ष		Arjuna	terminalia arjuna
16	विशाखा	कण्टाई ,	वज्ञ, विकंकत , स्वादु-कण्टक, यज्ञवृक्ष	विकल	governer's plum	flacourtia indica
17	अनुराधा	बकुल	मौलश्री, केशव, मधुगन्ध, भ्रमरानन्द	बोरसली	spanish cherry	mimusops elengi
18	ज्येष्ठा	सांबर	सेमल		silk cotton	bombax ceiba
19	मूल	राल	साल, सर्जरस, सर्जक, अजकर्णी		common sal	shorea robusta gaertn

20	पूर्वाषाढा	वेंत	वेतस, नम्रक, वानीर, अभ्रपुष्प		slender rattan cane	calamus pseudotenuis
21	उत्तराषाढा	कटहल	फणस, पनस, कण्टकिफल		jackfruit	artocarpus heterophyllus
22	श्रवण	रुइ	अर्कवृक्ष, आक, मदार		milk weed	calotropis gigantea
23	धनिष्ठा	शमी	छौंकर, शमीर, तुङ्गा, लक्ष्मी शिवाफला	खिजडो	persian mesquite	prosopis cineraria
24	शतभिषा	कदंब	कदम, नीप प्रियक, वृत्तपुष्प,		bur flower	neolamarckia cadamba (anthocephalus cadamba)
25	पूर्वा भा०	आम	आम्रवृक्ष, रसाल, अतिसौरभ		mango	mangifera indica
26	उत्तरा भा०	नीम	पिचुमन्द, अरिष्ट,निम्ब, पारिभद्र		margosa	azadirachta indica
27	रेवती	मोहा, महुआ	मधुक, माधव, मधुपुष्प, गुडपुष्प		indian butter tree	madhuca longifolia (bassia longifolia)

नक्षत्र आराध्य देव वृक्ष प्रतिमा Tree Images

क्रम	नक्षत्र	आराध्य देव वृक्ष	Botanical name	प्रतिमा
1	अश्विनी	जहर कुचला	strychnos nux-vomica	
2	भरणी	आंवला	phyllanthus emblica, (embelica officinalis)	
3	कृत्तिका	गूलर	ficus racemosa	
4	रोहिणी	जामुन, जंबूक	syzygium cuminii, (Eugenia Malaccensis)	
5	मृगशिरा	खेर, खदिर	senegalia catechu, (senegalia Polycantha)	

6	आर्द्रा	कृष्णगरु	pterocarpus santalinus	
7	पुनर्वसु	बांस	bambusa vulgaris, (bambusa arundinacea)	
8	पुष्य	पीपल	ficus religiora	
9	आश्लेशा	नागचम्पा	plumeria pudica	
10	मघा	बरगद , बड़	ficus benghalensis linn	

11	पूर्वा फा०	पलाश	butea monosperma, (butea frondosa)	
12	उ० फा०	पायरी	ficus lacor	
13	हस्त	जूही	jasminum auriculatum	
14	चित्रा	बेल	aegle marmelos	
15	स्वाति	अर्जुन	terminalia arjuna	
16	विशाखा	कण्टाई / विकंकत	flacourtia indica	

17	अनुराधा	बकुल	mimusops elengi	
18	ज्येष्ठा	सांबर	bombax ceiba	
19	मूल	राल	shorea robusta gaertn	
20	पूर्वाषाढा	वेंत	calamus pseudotenuis	
21	उत्तराषाढा	कटहल	artocarpus heterophyllus	
22	श्रवण	रुइ	calotropis gigantea	

23	धनिष्ठा	शमी	prosopis cineraria 
24	शतभिषा	कदंब	neolamarckia cadamba (anthocephalus cadamba) 
25	पूर्वा भा०	आम	mangifera indica 
26	उत्तरा भा०	नीम	azadirachta indica 
27	रेवती	मोहा, महुआ	madhuca longifolia (bassia longifolia) 

नक्षत्र आराध्य देव वृक्ष - पर्यायि व औषधि वृक्ष Medicinal Trees

क्रम	नक्षत्र	आराध्य देव वृक्ष	पर्यायि वृक्ष	औषधि वृक्ष	क्षेमकर वृक्ष
1	अश्विनी	जहर कुचला			
2	भरणी	आंवला			
3	कृत्तिका	गूलर			
4	रोहिणी	जामुन, जंबूक			
5	मृगशिरा	खेर , खदिर			
6	आर्द्रा	कृष्णगरु			
7	पुनर्वसु	बांस			
8	पुष्य	पीपल			
9	आश्लेशा	नागचम्पा			
10	मघा	बरगद , बड़			
11	पूर्वा फा०	पलाश			
12	उ० फा०	पायरी			
13	हस्त	जूही			
14	चित्रा	बेल			
15	स्वाति	अर्जुन			
16	विशाखा	कण्टाई			
17	अनुराधा	बकुल			
18	ज्येष्ठा	सांबर			
19	मूल	राल			
20	पूर्वाषाढा	वेंत			
21	उत्तराषाढा	कटहल			
22	श्रवण	रुइ			
23	धनिष्ठा	शमी			
24	शतभिषा	कदंब			
25	पूर्वा भा०	आम			
26	उत्तरा भा०	नीम			
27	रेवती	मोहा, महुआ			

नक्षत्र द्वारा पीड़ा निवारण उपाय

किसी भी नक्षत्र के जातक को रोग, पीड़ा, कष्ट, दुःख, हानि, अपयश आदि तकलीफें झेलनी पडती हैं । रोगी जिस नक्षत्र मे बीमार पडे या उसे रोग हो, तो इस उपाय करने से रोगी की पीड़ा का निवारण कर सकते हैं । यह प्रयोग जिसका रोगी के साथ रक्त-संबन्ध हो वही कर सकता है ।

1. सर्वप्रथम रोगी जिस नक्षत्र मे बिमार हुआ हो, वह नक्षत्र का ज्ञान करें ।
2. इसके बाद उस नक्षत्र के संबन्ध वाली आकृति गेहूं के आटे से बना लें ।
3. उस नक्षत्र की वस्तु को उस आकृति की मुख मे रख दें ।
4. तत पश्चात उस आकृति-को-वस्तु-सहित रोगी के शरीर पर से तीन बार घुमा कर उसे लेकर वीरान स्थान पर चले जायें और दक्षिण की ओर पीठ कर के धरती पर डाल दें । डालते समय रोगी को शीघ्र स्वस्थ होने का संकल्प करे और तुरन्त बिना पीछे देखे वापिस आ जायें ।
5. रोगी को शीघ्र ही रोग से मुक्ति मिलेगी । आपकी सुविधा के लिये आकृति-वस्तु का कोष्टक दे रहे हैं । यह रोग शांति का उपाय अत्यंत उपयोगी एवं असर दायक है ।

नक्षत्र तथा पीड़ा निवारण उपाय

क्रम	नक्षत्र	आकृति	वस्तु
1	अश्विनी	वानर	गुड-भात
2	भरणी	वानर	गुड-भात
3	कृत्तिका	बकरी	दही
4	रोहिणी	गाय	शाक
5	मृगशिरा	मृग	उड़द
6	आर्द्रा	गाय	तृण
7	पुनर्वसु	सुअर	शाक
8	पुष्य	बकरी	खीर
9	आश्लेशा	सुअर	घृत
10	मघा	वानर	तिल
11	पूर्वा फा०	वानर	मूंग
12	उ० फा०	बैल	शाक
13	हस्त	भैंसा	कमल
14	चित्रा	शेर	पुष्प
15	स्वाति	लोमड़ी	तिल
16	विशाखा	बाघ	गुड
17	अनुराधा	मृग	मेथी
18	ज्येष्ठा	चूहा	धनिया
19	मूल	बिल्लि	तिल
20	पूर्वाषाढा	मगरमच्छ	तिल
21	उत्तराषाढा	बैल	शाक
22	श्रवण	भैंसा	पीपल
23	धनिष्ठा	घोड़ा	पीपल
24	शतभिषा	वानर	चावल
25	पूर्वा भा०	कुत्ता	दही
26	उत्तरा भा०	कुत्ता	दही
27	रेवती	वानर	गुड-भात

नक्षत्र तथा मासिक पूर्णिमा

भारतीय संस्कृति मे पूर्णिमा का चान्द जिस नक्षत्र मे आता है, उसी हिसाब से मास के नाम चलते हैं ।

1 कार्तिक मास की पूर्णिमा को कृत्तिका नक्षत्र होता है ।
2 मार्गशीर्श मास की पूर्णिमा को मृगशिरा नक्षत्र होता है ।
3 पौष मास की पूर्णिमा को पुष्य नक्षत्र होता है ।
4 माघ मास की पूर्णिमा को मघा नक्षत्र होता है ।
5 फाल्गुन मास की पूर्णिमा को पूर्वा फाल्गुनी नक्षत्र होता है ।
6 चैत्र मास की पूर्णिमा को चित्रा नक्षत्र होता है ।
7 वैशाख मास की पूर्णिमा को विशाखा नक्षत्र होता है ।
8 ज्येष्ठ मास की पूर्णिमा को ज्येष्ठा नक्षत्र होता है ।
9 आषाढ मास की पूर्णिमा को उत्तराषाढा नक्षत्र होता है ।
10 श्रावण मास की पूर्णिमा को श्रवण नक्षत्र होता है ।
11 भाद्रपद मास की पूर्णिमा को पूर्वा भाद्रपदा नक्षत्र होता है ।
12 अश्विन मास की पूर्णिमा को अश्विनी नक्षत्र होता है ।

नवग्रह स्तोत्रम्

जपाकुसुम संकाशं काश्यपेयं महद्द्युतिम् ।
तमोरिंसर्वपापघ्नं प्रणतोऽस्मि दिवाकरम् ॥१॥ (रवि)
दधिशंखतुषाराभं क्षीरोदार्णव संभवम् ।
नमामि शशिनं सोमं शंभोर्मुकुट भूषणम् ॥२॥ (चन्द्र)
धरणीगर्भ संभूतं विद्युत्कांति समप्रभम् ।
कुमारं शक्तिहस्तं तं मंगलं प्रणाम्यहम् ॥३॥ (मङ्गल)
प्रियंगुकलिकाश्यामं रुपेणाप्रतिमं बुधम् ।
सौम्यं सौम्यगुणोपेतं तं बुधं प्रणमाम्यहम् ॥४॥ (बुध)
देवानांच ऋषीनांच गुरूं कांचन सन्निभम् ।
बुद्धिभूतं त्रिलोकेशं तं नमामि बृहस्पतिम् ॥५॥ (गुरु)
हिमकुंद मृणालाभं दैत्यानां परमं गुरूम् ।
सर्वशास्त्र प्रवक्तारं भार्गवं प्रणमाम्यहम् ॥६॥ (शुक्र)
नीलांजन समाभासं रविपुत्रं यमाग्रजम् ।
छायामार्तंड संभूतं तं नमामि शनैश्चरम् ॥७॥ (शनि)
अर्धकायं महावीर्यं चंद्रादित्य विमर्दनम् ।
सिंहिकागर्भसंभूतं तं राहुं प्रणमाम्यहम् ॥८॥ (राहू)
पलाशपुष्पसंकाशं तारकाग्रह मस्तकम् ।
रौद्रंरौद्रात्मकं घोरं तं केतुं प्रणमाम्यहम् ॥९॥ (केतु)
इति श्रीव्यासमुखोग्दीतम् यः पठेत् सुसमाहितः ।
दिवा वा यदि वा रात्रौ विघ्न शांतिर्भविष्यति ॥१०॥ (फलश्रुति)
नरनारी नृपाणांच भवेत् दुःस्वप्ननाशनम् ।
ऐश्वर्यमतुलं तेषां आरोग्यं पुष्टिवर्धनम् ॥११॥
ग्रहनक्षत्रजाः पीडास्तस्कराग्निसमुभ्दवाः ।
ता सर्वाःप्रशमं यान्ति व्यासोब्रुते न संशयः ॥१२॥
॥इति श्री वेदव्यास विरचितम् आदित्यादी नवग्रह स्तोत्रं संपूर्णम् ॥
ब्रह्मा मुरारी त्रिपुरांतकारी भानुः शशि भूमि सुतो बुधश्च ।
गुरुश्च शुक्र शनि राहु केतव सर्वे ग्रहा शांति करा भवंतु ॥

स्वस्ति वाचक श्लोकः

ॐ स्वस्तिः प्रजाभ्यः परिपालयन्ताम् । न्यायेन मार्गेण महीं महीशाः । गो ब्राह्मणेभ्यः शुभमस्तु नित्यम् । लोकाः समस्ताः सुखिनो भवन्तु ॥ काले वर्षतु पर्जन्यः पृथिवी सस्यशालिनी । देशोऽयं क्षोभरहितः ब्राह्मणाः सन्तु निर्भयाः ॥

आशीर्-वचनम् Aashir Vacanam

सर्वे भवन्तु सुखिनः । सर्वे सन्तु निरामयाः ।
सर्वे भद्राणि पश्यन्तु । मा कश्चिद् दुःखभाग् भवेत् ॥

असतो मा सद् गमय ।
तमसो मा ज्योतिर् गमय ।
मृत्योर् मा अमृतं गमय ॥

ॐ पूर्णमदः पूर्णमिदं पूर्णात् पूर्णमुदच्यते ।
पूर्णस्य पूर्णमादाय पूर्णमेवावशिष्यते ॥

॥ ॐ शान्तिः शान्तिः शान्तिः ॥

नक्षत्र तथा वृक्ष सूची

नक्षत्र	वृक्ष	क्र०	वृक्ष	नक्षत्र	क्र०
अनुराधा	बकुल	17	अर्जुन	स्वाति	15
अश्विनी	कुचला	1	आंवला	भरणी	2
आर्द्रा	कृष्णगरु	6	आम	पूर्वा भा०	25
आश्लेशा	नागचम्पा	9	कटहल	उत्तराषाढा	21
उत्तरा फा०	पायरी	12	कण्टाई	विशाखा	16
उत्तरा भा०	नीम	26	कदंब	शतभिषा	24
उत्तराषाढा	कटहल	21	कुचला	अश्विनी	1
कृत्तिका	गूलर	3	कृष्णगरु	आर्द्रा	6
चित्रा	बेल	14	खेर	मृगशिरा	5
ज्येष्ठा	सांबर	18	गूलर	कृत्तिका	3
धनिष्ठा	शमी	23	जामुन	रोहिणी	4
पुनर्वसु	बांस	7	जूही	हस्त	13
पुष्य	पीपल	8	नागचम्पा	आश्लेशा	9
पूर्वा फा०	पलाश	11	नीम	उत्तरा भा०	26
पूर्वा भा०	आम	25	पलाश	पूर्वा फा०	11
पूर्वाषाढा	वेंत	20	पायरी	उ० फा०	12
भरणी	आंवला	2	पीपल	पुष्य	8
मघा	बरगद	10	बकुल	अनुराधा	17
मूल	राल	19	बरगद	मघा	10
मृगशिरा	खेर	5	बांस	पुनर्वसु	7
रेवती	महुआ	27	बेल	चित्रा	14
रोहिणी	जामुन	4	महुआ	रेवती	27
विशाखा	कण्टाई	16	राल	मूल	19
शतभिषा	कदंब	24	रुइ	श्रवण	22
श्रवण	रुइ	22	वेंत	पूर्वाषाढा	20
स्वाति	अर्जुन	15	शमी	धनिष्ठा	23
हस्त	जूही	13	सांबर	ज्येष्ठा	18

नक्षत्र आकाशीय स्थान

SN	Nakshatra	Indian Zodiac – Celectial Region
1	अश्विनी	0° – 13°20′ Aries
2	भरणी	13° 20′ – 26°40′ Aries
3	कृत्तिका	26°40′ Aries – 10° Taurus
4	रोहिणी	10° – 23°20′ Taurus
5	मृगशिरा	23° 20′ Taurus – 6° 40′ Gemini
6	आर्द्रा	6° 40′ – 20° Gemini
7	पुनर्वसु	20° Gemini – 3°20′ Cancer
8	पुष्य	3° 20′ – 16° 40′ Cancer
9	आश्लेशा	16° 40′ – 30° Cancer
10	मघा	0° – 13° 20′ Leo
11	पूर्वा फा॰	13° 20′ – 26°40′ Leo
12	उ॰ फा॰	26° 40′ Leo - 10° Virgo
13	हस्त	10° – 23° 20′ Virgo
14	चित्रा	23° 20′ Virgo – 6° 40′ Libra
15	स्वाति	6° 40′ – 20° Libra
16	विशाखा	20° Libra – 3° 20′ Scorpio
17	अनुराधा	3° 20′ – 16° 40′ Scorpio
18	ज्येष्ठा	16° 40′ – 30° Scorpio
19	मूल	0° – 13° 20′ Sagittarius
20	पूर्वाषाढा	13° 20′ – 26° 40′ Sagittarius
21	उत्तराषाढा	26° 40′ Sagittarius– 10° Capricorn
22	श्रवण	6° 40′ – 10° 53′ Capricorn
23	धनिष्ठा	10° – 23° 20′ Capricorn
24	शतभिषा	23° 20′ Capricorn – 6° 40′ Aquarius
25	पूर्वा भा॰	6° 40′ – 20° Aquarius
26	उत्तरा भा॰	20° Aquarius – 3° 20′ Pisces
27	रेवती	3° 20′ – 16° 40′ Pisces

संदर्भ

https://en.wikipedia.org/wiki/List_of_Nakshatras

https://en.wikipedia.org/wiki/Nakshatravana

https://ccari.icar.gov.in/Navrasnak.html

https://giftingtrees.blogspot.com/2012/03/nakshatra-is-forever.html

https://www.pmc.gov.in/en/nakshatra-garden

https://ishanayurved.com/medicinal-plants/aarda-nakshtra-khadir-tree/

भरतवाक्य

सर्वे भवन्तु सुखिनः । सर्वे सन्तु निरामयाः ।
सर्वे भद्राणि पश्यन्तु । मा कश्चिद् दुःख भाग् भवेत् ॥
ॐ शान्तिः शान्तिः शान्तिः ॥

When faith has blossomed in life, Every step is led by the Divine.

Sri Sri Ravi Shankar

Om Namah Shivaya

जय गुरुदेव